2024年度

JN015540

1級
FP 技能士 学科
過去問題解説集

（2023年度実施分）

おことわり

- ・本書は、原則として出題時の法令基準日に基づいて編集されています。
- ・各問題のタイトルは、一般社団法人金融財政事情研究会の検定センターが公表している「試験科目及びその範囲」に基づいて表記しています。
- ・所得税の税額計算・税率の表記については、特に記載のない限り、復興特別所得税を加算しています。
- ・公的年金の年金額については、特に記載のない限り、出題時の法令基準日に基づいて価額およびその計算方法を記載しています。
- ・東日本大震災および新型コロナウイルス感染症対応に係る各種制度については、特に記載のない限り、表記等には反映せずに解説しています。
- ・法および制度改正等に伴う内容の変更・追加・訂正等については、下記ウェブサイトに掲載いたします。

https://www.kinzai.jp/seigo/

目　次

Ⅰ　基礎編

第1章　A分野　ライフプランニングと資金計画

第2章　B分野　リスク管理

第4章 D分野 タックスプランニング

第5章　E分野　不動産

第6章　F分野　相続・事業承継

Ⅱ 応用編

利用のてびき

▶ 実際の試験問題にトライ！

〈年—月—・問番号〉
いつ出題された問題
かがわかります。

〈試験問題〉
出題当時のまま掲載しています。

〈解答と解説〉
解答・解説を掲載しています。

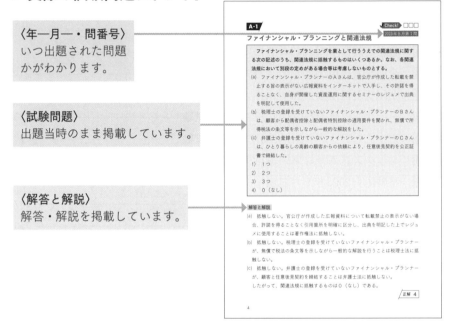

▶ デジタルドリル（ノウン）を活用！

〈試験問題・解答解説〉
　本文掲載の2022年度実施分（5月・9月・1月）のデジタル学習が可能です（無料）。
　なお、試験問題は、出題時のまま掲載しています。

ファイナンシャル・プランニング技能検定の概要（2024年6月時点）

▶1. ファイナンシャル・プランニング技能検定の等級・分野

　ファイナンシャル・プランニング技能検定は1級、2級、3級の等級に分かれており、それぞれ学科試験と実技試験が行われます。両方の試験に合格すればその等級の合格となります。

〈各級の出題分野〉

A	ライフプランニングと資金計画
B	リスク管理
C	金融資産運用
D	タックスプランニング
E	不動産
F	相続・事業承継

（※）　分野ごとの細目・出題範囲については金融財政事情研究会のウェブサイトで確認ください。
（https://www.kinzai.or.jp/fp/fp_specifications.html）

▶2. 出題形式・試験時間等

等級	学科実技	出題（審査）形式	試験時間		満点	合格基準
1級	学科	〈基礎編〉マークシート方式（四答択一式、50問）	10：00～12：30	150分	200点	120点以上
		〈応用編〉記述式（事例形式5題）	13：30～16：00	150分		
	実技	口頭試問方式	（注1）		200点	120点以上
2級	学科	マークシート方式（四答択一式、60問）	10：00～12：00	120分	60点	36点以上
	実技	記述式（事例形式5題）	13：30～15：00	90分	50点	30点以上
3級	学科	CBT方式（○×式、三答択一式、計60問）	－	90分	60点	36点以上
	実技	CBT方式（事例形式5題）	－	60分	50点	30点以上

（注1）　設例課題に基づく12分程度の口頭試問が2回実施されます（半日程度）。
（注2）　1級実技試験、3級試験以外はいずれも筆記試験です。
（注3）　3級試験以外は、筆記用具・計算機（プログラム電卓等を除く）の持込みが認められています。
（注4）　金融財政事情研究会が実施する試験について掲載しています。

▶ 3. 試験科目・受検資格と受検手数料

等級	学科実技	実技試験の選択科目	受検資格	受検手数料（非課税）
1級	学科	－	◆2級技能検定合格者で、FP業務に関し1年以上の実務経験を有する者 ◆FP業務に関し5年以上の実務経験を有する者 ◆厚生労働省認定金融渉外技能審査2級の合格者で、1年以上の実務経験を有する者	8,900円
	実技	●資産相談業務	◆1級学科試験の合格者（注1） ◆「FP養成コース」修了者でFP業務に関し1年以上の実務経験を有する者（注2） ◆日本FP協会のCFP®認定者 ◆日本FP協会のCFP®資格審査試験の合格者（注3）	28,000円
2級	学科	－	◆3級技能検定の合格者 ◆FP業務に関し2年以上の実務経験を有する者 ◆厚生労働省認定金融渉外技能審査3級の合格者 ◆日本FP協会が認定するAFP認定研修を修了した者（注4）	5,700円
	実技	●個人資産相談業務 ●中小事業主資産相談業務 ●生保顧客資産相談業務 ●損保顧客資産相談業務		各6,000円
3級	学科	－	◆FP業務に従事している者または従事しようとしている者	4,000円
	実技	●個人資産相談業務 ●保険顧客資産相談業務		各4,000円

（注1）2024年度に実施する1級実技試験を受検できるのは、2022年度以降の1級学科試験合格者です。
（注2）FP養成コースとは、金融財政事情研究会が実施する「普通職業訓練短期課程金融実務科FP養成コース」を指します。2024年度に実施する1級実技試験を受検できるのは、2022年度以降の修了者です。
（注3）2024年度に実施する1級実技試験を受検できるのは、2022年度以降のCFP®資格審査試験合格者です。
（注4）修了日が受検申請受付最終日以前の日付である場合に限られます。
（注5）金融財政事情研究会が実施する試験について掲載しています。
（注6）日本FP協会では、2級、3級学科試験および1級、2級、3級実技試験（資産設計提案業務）を実施しています。

▶4. 試験結果（合格率／金融財政事情研究会実施分）

等級	学科実技	試験科目	2023年5月試験	2023年9月試験	2024年1月試験
1級	学科	－	3.51%	13.00%	8.72%
	実技	資産相談業務	－	－	－
2級	学科	－	17.51%	22.75%	13.72%
	実技	個人資産相談業務	39.76%	41.36%	37.11%
		中小事業主資産相談業務	－	35.92%	53.58%
		生保顧客資産相談業務	39.20%	40.17%	45.27%
		損保顧客資産相談業務	－	60.07%	－
3級	学科	－	54.13%	37.19%	46.40%
	実技	個人資産相談業務	61.58%	62.29%	55.64%
		保険顧客資産相談業務	58.91%	55.30%	44.79%

▶5. 受検手続

（1・2級ペーパー試験）

個人申込の場合、受検申請の方法には、

（a）インターネットから申し込む方法

（b）申込書を郵送して申し込む方法

の2通りがあります。

詳しくは、以下のウェブサイトをご覧ください。

https://www.kinzai.or.jp/ginou/papertest.html

（3級 CBT 試験）

https://www.kinzai.or.jp/ginoucbt

●ファイナンシャル・プランニング技能検定に関するお問合せ

一般社団法人 金融財政事情研究会 検定センター　TEL 03-3358-0771

1・2級個人申込専用ダイヤル　TEL 03-4434-2362

3級 CBT サポートセンター　TEL 03-4553-8021

URL：https://www.kinzai.or.jp/fp

特定非営利活動法人 日本ファイナンシャル・プランナーズ協会

試験業務部　TEL 03-5403-9890

URL：https://www.jafp.or.jp/

デ ジ タ ル 学 習 の 使 い 方

　本書は、デジタルコンテンツと併せて学習ができます。パソコン、スマートフォン、タブレットで問題演習が可能です。利用期限は、ご利用登録日から1年間です。なお、ご利用登録は2026年6月29日まで可能です。

▌推奨環境（2024年6月現在）

《スマートフォン・タブレット》
● Android 8 以降
● iOS 10 以降
※ご利用の端末の状況により、動作しない場合があります。
《PC》
● Microsoft Windows 10、11
　　ブラウザ：Google Chrome、Mozilla Firefox、Microsoft Edge
● macOS
　　ブラウザ：Safari

使用開始日

2024 年
6 月30日

▌利用方法

① 　タブレットまたはスマートフォンをご利用の場合は GooglePlay または AppStore で「ノウン」と検索し、ノウンのアプリをインストールしてください。

② 　書籍に付属のカードを切り取り線に沿って切って開いてください。

③ 　パソコン、タブレット、スマートフォンの Web ブラウザで下記 URL にアクセスして「アクティベーションコード入力」ページを開きます。カードに記載のアクティベーションコードを入力して「次へ」ボタンをクリックしてください。

[アクティベーションコード入力]
https://knoun.jp/activate

④ ノウンのユーザー ID、パスワードを
お持ちの方は、「マイページにログイン」
にユーザー ID、パスワードを入力し「ロ
グイン」ボタンをクリックしてください。

⑤ ノウンのユーザー登録をされていない
方は「ユーザー登録」ボタンをクリック
し、「ユーザー登録」ページでユーザー
登録を行ってください。

⑥ ログインまたはユーザー登録を行うと、コンテンツが表示されます。

⑦ 「学習開始」ボタンをクリックすると、
タブレットまたはスマートフォンの場合
はノウンアプリが起動し、コンテンツが
ダウンロードされます。パソコンの場合
は Web ブラウザで学習が開始されます。

⑧ 2回目以降は、パソコンをご利用の場合は下記の「ログイン」ページからログインし
てご利用ください。タブレットまたはスマートフォンをご利用の場合はノウンアプリか
らご利用ください。

[ログイン]
https://knoun.jp/login

●ノウンアプリに関するお問い合わせ先：NTT アドバンステクノロジ
※ノウンアプリのメニューの「お問い合わせ」フォームもしくはメール（support@
knoun.jp）にてお問い合わせください。

I

基礎編

第 1 章

A
ライフプランニングと
資金計画

ファイナンシャル・プランニングと関連法規

ファイナンシャル・プランニングを業として行ううえでの関連法規に関する次の記述のうち、関連法規に抵触するものはいくつあるか。なお、各関連法規において別段の定めがある場合等は考慮しないものとする。

(a) ファイナンシャル・プランナーのAさんは、官公庁が作成した転載を禁止する旨の表示がない広報資料をインターネットで入手し、その許諾を得ることなく、自身が開催した資産運用に関するセミナーのレジュメで出典を明記して使用した。

(b) 税理士の登録を受けていないファイナンシャル・プランナーのBさんは、顧客から配偶者控除と配偶者特別控除の適用要件を聞かれ、無償で所得税法の条文等を示しながら一般的な解説をした。

(c) 弁護士の登録を受けていないファイナンシャル・プランナーのCさんは、ひとり暮らしの高齢の顧客からの依頼により、任意後見契約を公正証書で締結した。

1) 1つ
2) 2つ
3) 3つ
4) 0（なし）

解答と解説

(a) 抵触しない。官公庁が作成した広報資料について転載禁止の表示がない場合、許諾を得ることなく引用箇所を明確に区分し、出典を明記した上でレジュメに使用することは著作権法に抵触しない。

(b) 抵触しない。税理士の登録を受けていないファイナンシャル・プランナーが、無償で税法の条文等を示しながら一般的な解説を行うことは税理士法に抵触しない。

(c) 抵触しない。弁護士の登録を受けていないファイナンシャル・プランナーが、顧客と任意後見契約を締結することは弁護士法に抵触しない。
したがって、関連法規に抵触するものは0（なし）である。

正解 4

社会保険(1)

> 都道府県および市町村（特別区を含む）が保険者となる国民健康保険の保険料（保険税）と全国健康保険協会が管掌する健康保険の保険料に関する次の記述のうち、最も不適切なものはどれか。
>
> 1) 国民健康保険の保険料（保険税）は、基礎賦課額、後期高齢者支援金等賦課額および介護納付金賦課額の合算額であり、都道府県ごとにその算出方法や料率（税率）が定められている。
>
> 2) 国民健康保険において、世帯主が被保険者ではない場合であっても、同じ世帯のなかに被保険者がいる場合、市町村（特別区を含む）は原則として当該世帯主から保険料（保険税）を徴収する。
>
> 3) 健康保険の被保険者に関する一般保険料率は、1,000分の30から1,000分の130までの範囲内において、全国健康保険協会の各支部の都道府県に所在する適用事業所に使用される被保険者および当該都道府県の区域内に住所または居所を有する任意継続被保険者を単位として全国健康保険協会が決定する。
>
> 4) 産前産後休業を開始した健康保険の被保険者を使用している事業所の事業主が、保険者等に申し出たときは、その産前産後休業を開始した月から産前産後休業が終了する日の翌日が属する月の前月までの期間、事業主負担分と被保険者負担分の健康保険の保険料が免除される。

解答と解説

1) 不適切。国民健康保険の保険料（保険税）は、基礎賦課額、後期高齢者支援金賦課額および介護納付金賦課額の合計額であり、その算出方法や料率（税率）は市町村（特別区を含む）ごとに決定するとされている。

2) 適切。

3) 適切。

4) 適切。

正解 **1**

社会保険(2)

　労働者災害補償保険の保険給付等に関する次の記述のうち、最も不適切なものはどれか。なお、本問における労働者は、複数事業労働者ではないものとし、記載のない事項については考慮しないものとする。

1) 労働者が業務上の傷病による療養のために欠勤し、賃金を受けられない場合、休業4日目から1日につき、休業補償給付として休業給付基礎日額の60％相当額が支給され、休業特別支給金として休業給付基礎日額の20％相当額が支給される。

2) 休業補償給付の支給を受けている労働者について、療養の開始後1年6カ月を経過しても当該傷病が治らず、その傷病の程度が傷病等級1級から3級に該当する場合は、休業補償給付の支給に代えて傷病補償年金が支給されるが、傷病等級1級から3級に該当しない場合は、引き続き休業補償給付が支給される。

3) 業務上の傷病が治った労働者に障害が残り、その障害の程度が障害等級1級から7級に該当する場合は、障害補償年金、障害特別支給金、障害特別年金が支給され、8級から14級に該当する場合は、障害補償一時金、障害特別支給金、障害特別一時金が支給される。

4) 遺族補償年金の支給を受けることができる遺族の範囲は、労働者の死亡の当時、その収入によって生計を維持していた配偶者、子、父母、孫、祖父母および兄弟姉妹であるが、配偶者は年齢または障害の要件は問われない。

解答と解説

1) 適切。

2) 適切。

3) 適切。

4) 不適切。遺族の範囲は本肢に記載のとおりであるが、妻以外の者は、労働者の死亡の当時における年齢要件等が設けられている。遺族補償年金の支給を受けることのできる配偶者である夫については、60歳以上または一定の障害の状態にあることが要件とされる。なお、55歳以上60歳未満の夫も、受給権者

の対象となっているが、その順位は、60歳以上などの年齢要件または障害要件を満たす他の遺族に劣後し、60歳になるまでは年金の支給は停止される。

正解 4

公的年金(1)

　厚生年金保険の被保険者に関する次の記述のうち、最も適切なものはどれか。

1) 常時従業員を使用する法人事業所は、業種にかかわらず、厚生年金保険の適用事業所となり、原則として、その法人の70歳未満の代表者は被保険者となる。

2) 常時5人以上の従業員を使用する法定業種の個人事業所は、厚生年金保険の適用事業所となり、原則として、その個人事業所の70歳未満の事業主は被保険者となる。

3) 2カ月以内の期間を定めて適用事業所に使用される者であって、その定めた期間を超えて使用されることが見込まれないものは被保険者とならないが、定めた期間を超えて引き続き使用されることが見込まれるようになった場合、当初使用された日に遡って被保険者となる。

4) 特定適用事業所以外の適用事業所において、1週間の所定労働時間が同一の適用事業所に使用される通常の労働者の4分の3未満であっても1カ月の所定労働日数が4分の3以上ある労働者は被保険者となる。

解答と解説

1) 適切。

2) 不適切。常時5人以上の従業員を使用する法定業種の個人事業所は、厚生年金保険の適用事業所となり、原則として、常時使用される70歳未満の従業員は被保険者となるが、事業主は被保険者とならない。

3) 不適切。2カ月以内の期間を定めて適用事業所に使用され、その定めた期間を超えて使用されることが見込まれない者は被保険者とならないが、その定めた期間を超えて引き続き使用されることが見込まれるようになった場合は、その見込まれるようになった日から被保険者となる。

4) 不適切。特定適用事業所以外の適用事業所においては、1週間の所定労働時間が同一の適用事業所に使用される通常の労働者の4分の3以上であり、かつ、1カ月の所定労働日数が4分の3以上ある労働者は被保険者となる。

正解　**1**

A-5

公的年金⑵

老齢基礎年金および老齢厚生年金の繰上げ支給と繰下げ支給に関する次の記述のうち、最も適切なものはどれか。

1) 1963年2月5日生まれの厚生年金保険の被保険者である男性が、老齢基礎年金の受給資格期間を満たしている場合、60歳に達した月に老齢基礎年金のみの繰上げ支給の請求をすることができる。

2) 1962年3月10日生まれの国民年金の第1号被保険者期間のみを有する女性が、61歳に達した月に老齢基礎年金の繰上げ支給の請求をする場合、当該年金の減額率は19.2%である。

3) 1958年6月23日生まれの厚生年金保険の被保険者である男性が、65歳から老齢基礎年金を受給する場合、73歳に達した月に老齢厚生年金の繰下げ支給の申出をすることができる。

4) 1958年1月28日生まれの遺族厚生年金を受給している女性が、65歳に達して老齢基礎年金の受給権を取得する場合、67歳に達した月に老齢基礎年金の繰下げ支給の申出をすることができる。

解答と解説

1) 不適切。老齢基礎年金の繰上げ支給の請求のみをすることはできず、老齢厚生年金の繰上げ支給の請求を同時に行わなければならない。

2) 不適切。1962年4月1日以前生まれの者が61歳に達した日に老齢基礎年金の繰上げ支給の請求をする場合、1カ月当たりの減額率は0.5%であるため、当該年金の減額率は「0.5%×48月＝24%」となる。

3) 適切。1952年4月2日以降生まれの者は、老齢給付を75歳まで繰り下げることができる。老齢基礎年金と老齢厚生年金は別々に繰下げ支給の申出ができることから、老齢厚生年金のみを73歳まで繰下げて支給の申出をすることができる。

4) 不適切。65歳に達したときに遺族厚生年金の受給権者である場合は、老齢基礎年金の繰下げ支給の申出をすることはできない。

正解 3

企業年金・個人年金等(1)

> 転職時における確定拠出年金に係る個人別管理資産の移換に関する次の記述のうち、最も適切なものはどれか。なお、各選択肢において、転職者は個人別管理資産があるものとする。
>
> 1) 企業型年金加入者が転職し、転職先の企業型年金加入者となった場合は、転職前の個人別管理資産を転職後の企業型年金に移換しなければならない。
>
> 2) 個人型年金加入者が転職により企業型年金加入者となった場合は、個人型年金の個人別管理資産を転職後の企業型年金に移換しなければならない。
>
> 3) 企業型年金加入者が転職により公務員となった場合は、転職前の企業型年金の個人別管理資産は、転職した月の翌月に国民年金基金連合会に自動移換される。
>
> 4) 企業型年金加入者が確定給付企業年金のみを実施している企業へ転職した場合は、確定給付企業年金規約で定められているときは、転職前の企業型年金の個人別管理資産を確定給付企業年金に移換することができる。

解答と解説

1) 不適切。企業型年金加入者が転職し、転職先の企業型年金加入者となった場合は、転職前の個人別管理資産を転職後の企業型年金に移換することができるが、個人型年金に移換することもできる。

2) 不適切。個人型年金加入者が転職により企業型年金加入者となった場合は、個人別管理資産を転職後の企業型年金に移換することができるが、移換することなく、引き続き個人型年金加入者として掛金を拠出することもできる。

3) 不適切。企業型年金加入者が転職により公務員となった場合、つまり、転職先が企業型年金を導入していない場合は、転職前の個人別管理資産を個人型年金に移換して加入者として拠出を継続するか、運用指図者になることができる。企業型年金の資格喪失後6カ月以内に移換手続をしなかった場合、個人別管理資産は国民年金基金連合会に自動移換される（掛金拠出、運用指図等はできない）。

4) 適切。

企業年金・個人年金等(2)

> **国民年金基金に関する次の記述のうち、最も不適切なものはどれか。**
>
> 1) 国民年金基金の加入員が、保険料納付猶予制度により国民年金の保険料を納付することを要しない者とされた場合、国民年金基金の加入員資格を喪失する。
>
> 2) 国民年金基金の加入員が、4月から翌年3月までの1年分の掛金を前納した場合、0.1カ月分の掛金が割引される。
>
> 3) 国民年金基金の終身年金A型または確定年金I型、II型、III型、IV型、V型の加入者が年金受給前に死亡した場合、掛金納付期間の長短にかかわらず、遺族一時金として12万円が支払われる。
>
> 4) 国民年金基金の加入員が追納することができる国民年金の保険料の全部につき追納を行った場合、当該加入員の掛金の額は、当該追納が行われた日の属する月以後の特定追納期間に相当する期間（60月を上限）に限り、1月につき10万2,000円以下とすることができる。

解答と解説

1) 適切。

2) 適切。

3) 不適切。保証期間のある終身年金A型、確定年金I型、II型、III型、IV型、V型の加入者が、年金受給前または保証期間中に死亡した場合、遺族一時金が支払われる。遺族一時金は、年金受給前に死亡した場合、加入時の年齢、死亡時の年齢、死亡時までの掛金納付期間に応じた額となる。

4) 適切。

正解 **3**

中小法人の資金計画

信用保証協会の保証制度に関する次の記述のうち、最も適切なものはどれか。

1) 「経営安定関連保証（セーフティネット保証）」は、中小企業信用保険法に規定された8つの事由のいずれかにより経営の安定に支障が生じている中小企業者が、事業所の所在地の市町村長または特別区長の認定を受けた場合に利用することができる。

2) 「借換保証」は、複数の借入金を1つにまとめて、返済期間を長期間とすることで、毎月の返済額の軽減を目的とした制度であり、借換えの際に、複数の借入金残高の合計額以上の融資を受けることはできない。

3) 「創業関連保証」は、新たに創業しようとする者であって18歳以上40歳未満の者に限り利用することができるが、経営実績がない創業時に融資を受けるためには、事業計画書が必要となる。

4) 「事業承継特別保証」は、その利用にあたって、原則として経営者保証が必要であるが、一定の期間内に事業承継を実施する法人は、経営者保証のない借入金に係る借換資金に限り、経営者保証は不要である。

解答と解説

1) 適切。

2) 不適切。借換保証は、借換えの際に、新規資金の融資（増額融資）を受けることもできる。

3) 不適切。創業関連保証は、年齢を問わず、新たに創業しようとする者または創業後5年未満の者などが利用することができ、経営実績がない創業時に融資を受けるには「創業計画書」が必要である。

4) 不適切。事業承継特別保証は、原則、経営者保証が不要である。経営者保証のない借入金に係る借換資金に限らず、経営者保証ありの既存の借入金についても、借換えにより経営者保証を不要とすることができる保証制度である。

正解 1

ライフプランニングの考え方・手法

Aさん（45歳）は、65歳から10年間にわたって毎年1,000千円を受け取るために、65歳までの20年間、年金原資を毎年均等に積み立てることを考えている。この場合、45歳から65歳までの20年間の毎年の積立額として、次のうち最も適切なものはどれか。

なお、積立期間および取崩期間中の運用利回り（複利）は年3％とし、積立および取崩しは年1回行うものとする。また、下記の係数表を利用して算出し、計算結果は千円未満を切り捨て、手数料や税金等は考慮しないものとする。

〈年3％の各種係数〉

	終価係数	現価係数	年金終価係数	減債基金係数	年金現価係数	資本回収係数
10年	1.3439	0.7441	11.4639	0.0872	8.5302	0.1172
20年	1.8061	0.5537	26.8704	0.0372	14.8775	0.0672
30年	2.4273	0.4120	47.5754	0.0210	19.6004	0.0510

1) 317千円

2) 372千円

3) 412千円

4) 435千円

解答と解説

- 65歳から10年間にわたって毎年1,000千円を受け取るために必要な年金原資

  1,000千円×年金現価係数（10年）

  ＝1,000千円×8.5302＝8,530.2千円（年金原資）

- 年金原資を積み立てるために必要な20年間の毎年の積立額

  年金原資×減債基金係数（20年）

  ＝8,530.2千円×0.0372＝317.3…千円→317千円

正解 **1**

A-10

社会保険(1)

全国健康保険協会管掌健康保険の被保険者の資格喪失後の保険給付に関する次の記述のうち、最も不適切なものはどれか。なお、各選択肢において、ほかに必要とされる要件等はすべて満たしているものとする。

1) 資格を喪失した際に傷病手当金を受給している者は、傷病手当金の支給期間が資格喪失前の期間と通算して1年6カ月になるまで、傷病手当金を受給することができる。

2) 資格を喪失した際に出産手当金を受給している者が、資格喪失後に配偶者が加入する健康保険の被扶養者となった場合、出産手当金を受給することができる期間内であっても、出産手当金は支給されない。

3) 被保険者であった者が資格喪失の日から6カ月以内に出産をした場合、被保険者として受けることができるはずであった出産育児一時金を受給することができる。

4) 資格喪失後に傷病手当金を受給していた者が、当該傷病手当金を受給しなくなった日から3カ月以内に死亡し、その者により生計を維持されていた者が埋葬を行った場合、埋葬料が支給される。

解答と解説

1) 適切。なお、資格喪失の日の前日までに継続して1年以上被保険者であった者でなければ、資格喪失後に、傷病手当金の継続給付を受けることはできない。

2) 不適切。資格を喪失した際に出産手当金を受給している者が、資格喪失後に配偶者が加入する健康保険の被扶養者となった場合であっても、出産手当金を受給することができる期間内については、出産手当金が支給される。なお、資格喪失日の前日までに継続して1年以上被保険者であった者でなければ、資格喪失後に、出産手当金の継続給付を受けることはできない。

3) 適切。なお、資格喪失の日の前日までに継続して1年以上被保険者であった者でなければ、資格喪失後に、出産育児一時金を受給することはできない。

4) 適切。

正解 2

社会保険⑵

> 育児休業、介護休業等育児又は家族介護を行う労働者の福祉に関する法律（育児・介護休業法）の育児休業、出生時育児休業（以下、「産後パパ育休」という）および雇用保険法の育児休業給付に関する次の記述のうち、最も不適切なものはどれか。なお、各選択肢において、ほかに必要とされる要件等はすべて満たしているものとする。
>
> 1) 子を養育する母が産前産後休業に引き続き育児休業を取得している場合であっても、当該子の父は子の出生日から子が1歳に達する日の前日まで育児休業を取得することができる。
>
> 2) 子を養育する父は、当該子の出生日後8週間以内に4週間の産後パパ育休を2回に分けて取得することができる。
>
> 3) 育児休業給付金の受給者が、保育所等における保育の利用を希望して申込みを行っているが、養育する子が1歳に達する日後の期間について、当面その実施が行われないなどの事情があるため、子が1歳6カ月に達する日まで育児休業を申し出た場合、子が1歳6カ月に達する日の前日まで育児休業給付金を受給することができる。
>
> 4) 子を養育する父が産後パパ育休期間中に7日を超えて就業した場合、出生時育児休業給付金は受給することができない。

解答と解説

1) 適切。

2) 適切。

3) 適切。

4) 不適切。子を養育する父が産後パパ育休を28日取得するときは、原則として10日を超えて就業した場合、出生時育児休業給付金は受給することができない。なお、産後パパ育休が28日未満の場合は、休業日数に比例して就業可能日数は短くなる。

正解 **4**

公的年金(1)

　自営業者（国民年金の第1号被保険者）の公的年金に関する次の記述のうち、最も適切なものはどれか。なお、記載のない事項については考慮しないものとする。

1)　寡婦年金を受給している者が婚姻した場合、当該寡婦年金の支給は停止されるが、婚姻後、65歳に達するまでの間に離婚した場合は、支給が再開される。

2)　寡婦年金の額は、夫の死亡日の属する月の前月までの第1号被保険者としての被保険者期間に係る死亡日の前日における保険料納付済期間および保険料免除期間を基に計算した老齢基礎年金の額の4分の3相当額であり、夫に第2号被保険者としての被保険者期間があっても、その期間は年金額に反映されない。

3)　死亡一時金は、死亡日の前日において、第1号被保険者としての被保険者期間に係る保険料納付済期間の月数、保険料4分の1免除期間の月数、保険料半額免除期間の月数および保険料4分の3免除期間の月数を合算した月数が36月以上ある者が死亡した場合に支給される。

4)　死亡一時金の支給を受けることができる遺族の範囲は、死亡した者の配偶者、子、父母、孫、祖父母であって、その者の死亡の当時その者と生計を同じくしていた者である。

解答と解説

1)　不適切。寡婦年金を受給している者が婚姻した場合、寡婦年金の受給権は消滅する。したがって、65歳に達するまでの間に離婚した場合であっても、支給は再開されない。

2)　適切。

3)　不適切。死亡一時金は、死亡日の前日において死亡日の属する月の前月までの第1号被保険者としての被保険者期間に係る保険料納付済期間の月数、保険料4分の1免除期間の月数の4分の3に相当する月数、保険料半額免除期間の月数の2分の1に相当する月数および保険料4分の3免除期間の月数の4分の1に相当する月数を合算した月数が36月以上ある者が死亡した場合に支給さ

れる。

4) 不適切。死亡一時金を受けることができる遺族の範囲は、死亡した者の配偶者、子、父母、孫、祖父母または兄弟姉妹であって、その者の死亡の当時その者と生計を同じくしていた者である。

正解 2

公的年金(2)

厚生年金保険法における離婚時の年金分割に関する次の記述のうち、最も不適切なものはどれか。なお、本問においては、「離婚等をした場合における特例」による標準報酬の改定を合意分割といい、「被扶養配偶者である期間についての特例」による標準報酬の改定を3号分割という。

1) 老齢厚生年金を受給している者について合意分割の請求が行われたときは、合意分割による改定または決定後の標準報酬を当該年金額の計算の基礎として再計算し、当該合意分割の請求のあった日の属する月の翌月分から年金額が改定される。

2) 3号分割の対象期間は、2008年4月1日以後の国民年金の第3号被保険者であった期間であり、原則として、その間の相手方の厚生年金保険の保険料納付記録（標準報酬月額・標準賞与額）は2分の1の割合で分割される。

3) 離婚の相手方から分割を受けた厚生年金保険の保険料納付記録（標準報酬月額・標準賞与額）に係る期間は、分割を受けた者が老齢厚生年金の支給を受けるために必要となる受給資格期間に算入される。

4) 合意分割の請求が行われた場合、婚姻期間に3号分割の対象となる期間が含まれるときは、原則として、合意分割と同時に3号分割の請求があったものとみなされる。

解答と解説

1) 適切。

2) 適切。

3) 不適切。分割を受けた厚生年金保険の保険料納付記録に係る期間は、老齢厚生年金の受給資格期間に算入されない。

4) 適切。

正解 **3**

企業年金・個人年金等

**　中小企業退職金共済制度（以下、「中退共」という）に関する次の記述のうち、最も不適切なものはどれか。なお、本問において、事業主には同居の親族のみを使用する事業主等は含まないものとし、従業員には短時間労働者は含まないものとする。**

1)　合併等に伴い、初めて中退共の退職金共済契約を締結し、確定拠出年金の企業型年金から中退共に資産の移換を行う場合、新規加入者の掛金について国の助成を受けることはできない。

2)　合併等に伴い、被共済者を加入者とする確定拠出年金の企業型年金を実施することになった場合、被共済者の同意に基づき、合併等を行った日から1年以内で、かつ、退職金共済契約を解除した日の翌日から3カ月以内に申し出ることで、中退共の解約手当金に相当する額を当該企業型年金へ資産移換することができる。

3)　退職金の額は、被共済者に係る掛金月額と掛金納付月数に応じて定められている基本退職金に、運用収入の状況等に応じて定められる付加退職金を加えた額となる。

4)　退職した日において60歳以上で、かつ、退職金の額が150万円以上であること等の要件を満たす場合、退職金は5年から10年の間の希望する分割支給期間（1年単位）で受給することができる。

解答と解説

1)　適切。

2)　適切。

3)　適切。退職金の額は、基本退職金と付加退職金の両方を合計した額となる。

4)　不適切。退職金を、一括して受け取る一時払いでなく、分割して受給するには、退職した日において60歳以上で、かつ、以下の要件を満たす必要があり、分割支給期間は5年または10年のみである。

【全額分割払い】

　5年間の分割払いの場合は退職金の額が80万円以上、10年間の分割払いの場合は150万円以上

【一部分割払い】

　5年間の分割払いの場合は退職金の額が100万円以上、かつ、分割払い対象額が80万円以上、一時金払い対象額が20万円以上

　10年間の分割払いの場合は退職金の額が170万円以上、かつ、分割払い対象額が150万円以上、一時金払い対象額が20万円以上

正解 4

ライフプラン策定上の資金計画(1)

> 　フラット35およびフラット35借換融資に関する次の記述のうち、最も適切なものはどれか。
>
> 1)　一戸建て住宅は、原則として、敷地面積が70㎡以上で、かつ、敷地が一般の交通の用に供する道に2m以上接していなければ、フラット35の融資対象とならない。
>
> 2)　70歳以上の者は、フラット35借換融資を申し込むことができない。
>
> 3)　フラット35借換融資の申込者が所有し、かつ、申込者が利用するセカンドハウス（単身赴任先の住宅、週末を過ごすための住宅などで賃貸していないもの）を購入した際の借入金は、フラット35借換融資の対象とならない。
>
> 4)　フラット35借換融資の申込者は、借換対象となる住宅に係る借入金の債務者と同一である必要があるが、借換融資の申込みにおいて債務者を追加して2人にすることができる。

解答と解説

1)　不適切。敷地面積の要件はない。一戸建て住宅は、原則として、床面積が70㎡以上で、かつ、敷地が一般の交通の用に供する道に2m以上接していれば、フラット35の融資対象となる。

2)　不適切。70歳以上の者であっても、親子リレー返済で要件を満たす者を後継者とする場合は、フラット35借換融資を申し込むことができる。

3)　不適切。フラット35借換融資の申込者が所有し、かつ、申込者が利用するセカンドハウス（単身赴任先の住宅、週末を過ごすための住宅などで賃貸していないもの）を購入した際の借入金は、フラット35借換融資の対象となる。ただし、資金使途がセカンドハウスであるフラット35（住宅金融支援機構または住宅金融公庫の直接融資を含む）の借入れが二重となる場合は、利用できない。

4)　適切。

正解　4

A-16

ライフプラン策定上の資金計画(2)

高年齢者等の雇用の安定等に関する法律の高年齢者就業確保措置に関する次の記述のうち、適切なものはいくつあるか。

(a) 高年齢者就業確保措置の努力義務を負う事業主は、定年を65歳以上70歳未満に定めている事業主、または継続雇用制度（70歳以上まで引き続いて雇用する制度を除く）を導入している事業主である。

(b) 高年齢者就業確保措置の対象者の選定にあたって、人事考課により基準を設けることは禁じられている。

(c) 創業支援等措置の実施に関する計画を作成する場合、対象となる労働者全員の意見を聴かなければならない。

1) 1つ

2) 2つ

3) 3つ

4) 0（なし）

解答と解説

(a) 適切。

(b) 不適切。高年齢者就業確保措置は努力義務であることから、対象者の選定にあたり、人事考課による基準を設けることも可能である。ただし、その場合には過半数労働組合等との同意を得ることが望ましいとされている。

(c) 不適切。創業支援等措置の実施に関する計画を作成する場合、原則として過半数労働組合等の同意を得る必要があるが、対象となる労働者全員の意見を聴く必要はない。

したがって、適切なものは1つである。

正解 1

ライフプランニングの考え方・手法

> 　Aさん（55歳、1969年1月3日生まれ）は、妻Bさん（50歳、1974年1月11日生まれ）との2人暮らしである。Aさんは65歳から20年にわたって、夫婦2人の公的年金と老後資金の取崩しの合計で毎年300万円を受け取りたいと考えている。Aさんの65歳から支給される公的年金の年金額が毎年180万円、妻Bさんの65歳から支給される公的年金の年金額が毎年75万円である場合、毎年300万円を受け取るためにAさんが65歳時点で準備する必要がある老後資金の金額として、次のうち最も適切なものはどれか。
>
> 　なお、取崩期間中の運用利率は年3％、取崩しは年1回行うものとする。また、下記の係数表を利用して算出し、計算過程および計算結果は万円未満を切り捨て、税金や手数料等は考慮しないものとする。
>
> 〈年3％の各種係数〉
>
> | | 終価係数 | 現価係数 | 年金終価係数 | 減債基金係数 | 年金現価係数 | 資本回収係数 |
> |---|---|---|---|---|---|---|
> | 5年 | 1.1593 | 0.8626 | 5.3091 | 0.1884 | 4.5797 | 0.2184 |
> | 20年 | 1.8061 | 0.5537 | 26.8704 | 0.0372 | 14.8775 | 0.0672 |
>
> 1) 　660万円
> 2) 　993万円
> 3) 　1,012万円
> 4) 　1,218万円

解答と解説

　Aさんに65歳から支給される公的年金額は180万円であり、毎年300万円を受け取るためには、年額120万円（300万円－180万円）不足する。ただし、妻Bさんには65歳（Aさん70歳）から公的年金額75万円が支給されるため、その後の不足額は45万円（300万円－180万円－75万円）となる。

　そこで、不足額120万円は、①75万円（5年間：妻Bさんの公的年金開始までの期間の不足額）と②45万円（20年間：①を除いた不足額）に区分して計算することができる。①②それぞれの年数に応じた年金現価係数を乗じてAさんが65歳時点における不足額を求める。

24

```
Aさん55歳      65歳        70歳              85歳
Bさん                      65歳
      120万円 ┌ 不足額75万円
             └ 不足額45万円
```

① 75万円×年金現価係数（5年：4.5797）≒343万円（万円未満切り捨て）

② 45万円×年金現価係数（20年：14.8775）≒669万円（万円未満切り捨て）

③ Aさんが65歳時点で準備する必要がある老後資金の金額：①＋②＝1,012万円

正解 3

社会保険⑴

> 　公的介護保険（以下、「介護保険」という）の保険給付に関する次の記述のうち、**最も不適切なものはどれか。**
>
> 1)　介護保険の第2号被保険者が指定居宅サービスを利用した場合は、世帯の収入金額の多寡にかかわらず、自己負担額の割合は1割である。
> 2)　介護保険において、特定疾病に該当するがんは、医師が一般に認められている医学的知見に基づき回復の見込みがない状態に至ったと判断したものに限られる。
> 3)　被保険者の介護サービスに要した1カ月の自己負担額が一定の限度額を超えた場合は、所定の手続により、高額介護サービス費の支給を受けることができる。
> 4)　高額医療合算介護サービス費は、直近の1年間において高額介護サービス費および高額療養費の支給を受け、かつ、介護保険と公的医療保険の自己負担額を合算した額が一定の限度額を超えなければ支給されない。

解答と解説

1)　適切。
2)　適切。
3)　適切。
4)　不適切。高額医療合算介護サービス費は、前年8月1日から7月31日までの1年間において、介護保険と公的医療保険の自己負担額を合算した額が、所得に応じた一定の限度額を超えていれば支給される。高額介護サービス費および高額療養費の支給を受けている必要はない。

正解　4

社会保険(2)

労働者災害補償保険（以下、「労災保険」という）に関する次の記述のうち、最も適切なものはどれか。

1) 派遣労働者が派遣先で業務災害により負傷した場合は、派遣先事業が労災保険の適用事業とされ、派遣労働者が通勤災害により負傷した場合は、派遣元事業が労災保険の適用事業とされる。

2) 数次の請負によって行われている建設の事業において、下請け事業者に雇用される労働者が業務災害により負傷した場合、原則として、下請け事業者が営む事業が労災保険の適用事業とされる。

3) A社およびB社に雇用される複数事業労働者が、脳・心臓疾患や精神障害を発症した場合、A社またはB社の業務上の負荷を個別に評価して業務災害に当たらないときは、両社の業務上の負荷を合わせて総合的に評価して業務災害に当たるかどうか判断される。

4) C社およびD社に雇用される複数事業労働者が、C社で就業中に業務災害により負傷した場合、C社のみの賃金額に基づき算定された給付基礎日額を基礎として保険給付が行われる。

解答と解説

1) 不適切。派遣労働者の派遣先での業務災害も通勤災害も、派遣元事業が労災保険の適用事業とされる。

2) 不適切。原則として、建設の事業が数次の請負（2つ以上の事業が縦の請負により行われる関係）によって行われる場合、その事業を一の事業とみなし、元請負人のみを当該事業の事業主とみなして労災保険の適用事業とされる。

3) 適切。

4) 不適切。C社とD社に雇用される複数事業労働者の給付基礎日額は、原則、C社とD社それぞれから、算定事由発生日の前3カ月間に支払われた賃金額を基に算定され、それらを合算した額を基礎として保険給付が行われる。

正解 **3**

公的年金(1)

> 国民年金の合算対象期間に関する次の記述のうち、最も不適切なものはどれか。
>
> 1) 1986年4月1日以後の期間のうち、国民年金の第2号被保険者であった20歳未満の期間および60歳以後の期間は、いずれも合算対象期間とされる。
>
> 2) 日本国籍を有する者であって海外に居住していた1986年4月1日以後の期間のうち、国民年金に任意加入できるのに任意加入しなかった20歳以上65歳未満の期間は、合算対象期間とされる。
>
> 3) 大学生（夜間制、通信制を除く）であった1961年4月1日から1991年3月31日までの期間のうち、国民年金に任意加入できるのに任意加入しなかった20歳以上60歳未満の期間は、合算対象期間とされる。
>
> 4) 1961年4月1日から1986年3月31日までの期間のうち、厚生年金保険の被保険者の配偶者で、かつ、国民年金に任意加入できるのに任意加入しなかった20歳以上60歳未満の期間は、合算対象期間とされる。

解答と解説

1) 適切。

2) 不適切。日本国籍を有する者であって海外に居住していた1986年4月1日以降の期間のうち、国民年金に任意加入しなかった20歳以上60歳未満の期間は、合算対象期間とされる。

3) 適切。

4) 適切。

正解 **2**

A-21

公的年金(2)

在職老齢年金に関する次の記述のうち、最も適切なものはどれか。

1) 厚生年金保険の適用事業所に常時使用される70歳以上の者に支給される老齢厚生年金は、在職老齢年金による支給調整は行われない。

2) 在職老齢年金により年金額の一部が支給調整されている老齢厚生年金の受給権者について、定時決定により標準報酬月額の等級が上がった場合、9月分の老齢厚生年金から支給調整される額が変更となる。

3) 第1号厚生年金被保険者期間と第3号厚生年金被保険者期間を有する老齢厚生年金の受給権者が第1号厚生年金被保険者である場合、在職老齢年金による支給調整の対象となるのは、第1号厚生年金被保険者期間に対応する老齢厚生年金のみである。

4) 繰下げ支給の申出により増額された老齢厚生年金について、在職老齢年金により支給調整が行われる場合、報酬比例部分および繰下げ加算額が支給調整の対象となる。

解答と解説

1) 不適切。厚生年金保険の適用事業所に常時使用される70歳以上の者（70歳未満であれば被保険者とされる条件に該当する者）は、在職老齢年金による支給調整が行われる。

2) 適切。

3) 不適切。第3号厚生年金被保険者期間に対応する老齢厚生年金についても、在職老齢年金の支給調整の対象となる。

4) 不適切。繰下げ加算額は、在職老齢年金の支給調整の対象とならない。

正解 2

企業年金・個人年金等

> 確定拠出年金の企業型年金に関する次の記述のうち、最も適切なものはどれか。
>
> 1) 企業型年金は、労使の合意に基づき企業型年金規約を作成し、厚生労働大臣の承認を受けて実施されるもので、企業型年金加入者となることができるのは実施事業所に使用される65歳未満の者に限られる。
>
> 2) 企業型年金において、加入者掛金（マッチング拠出）を規約で定める場合、事業主掛金と加入者掛金の合計額が拠出限度額以下であれば、加入者掛金の額は、その加入者に係る事業主掛金の額を超える額とすることができる。
>
> 3) 運用関連運営管理機関等は、企業型年金の運用の方法として、上場企業である企業型年金の実施事業所に使用される企業型年金加入者に対し、当該実施事業所の株式を選定し、提示することはできない。
>
> 4) 脱退一時金の請求は、企業型年金加入者であった者が加入者資格を喪失した日の属する月の翌月から6カ月以内にしなければならない。

解答と解説

1) 不適切。企業型年金は、労使の合意に基づき企業型年金規約を作成し、厚生労働大臣の承認を受けて実施され、70歳未満の者を加入者とすることができる。

2) 不適切。加入者掛金（マッチング拠出）は、事業主掛金の額を超えることはできず、事業主掛金との合計額が拠出限度額以下でなければならない。

3) 不適切。運用関連運営管理機関等は、企業型年金の運用の方法として、上場企業である企業型年金の実施事業所に使用される企業型年金加入者に対し、当該実施事業所の株式（自社株式）を選定し、提示することができる。

4) 適切。

正解 4

A-23

ライフプラン策定上の資金計画

> **教育資金について年齢層別の教育費等の主な負担軽減等に関する次の記述のうち、最も不適切なものはどれか。**
>
> 1) 日本学生支援機構の入学時特別増額貸与奨学金は、第一種奨学金または第二種奨学金に加えて、入学した月の分の奨学金の月額に一時金として増額して貸与する有利子の奨学金である。
>
> 2) 児童手当の額は、児童1人当たり月額1万円または1万5,000円であるが、一定金額以上の所得を有する者に支給される特例給付の額は5,000円である。
>
> 3) 高等学校等就学支援金は、国立・公立・私立を問わず高等学校等に通う生徒等に対して授業料を支援する制度であり、支援金は生徒等の生計を維持する者に支払われる。
>
> 4) 国の高等教育の修学支援新制度は、給付型奨学金の支給と授業料・入学金の免除または減額（授業料等減免）の2つの支援からなり、住民税非課税世帯およびそれに準ずる世帯の学生等が支援の対象となる。

解答と解説

1) 適切。

2) 適切。なお、児童手当の額は2024年10月1日に変更され、1人当たり1万円、1万5,000円または3万円になる。また、所得制限がなくなることに伴い、特例給付はなくなる。

3) 不適切。高等学校等就学支援金は、国立・公立・私立を問わず高等学校等に通う所得要件を満たす生徒等に対して授業料を支援する制度であり、支援金は学校設置者（都道府県や学校法人等）が、生徒本人に代わって受け取って授業料に充当するもので、生徒や保護者が直接受け取るものではない。

4) 適切。

正解 3

中小法人の資金計画

募集株式の発行等に関する次の記述のうち、最も不適切なものはどれか。なお、本問においては、株式の譲渡制限のある株式会社を非公開会社という。

1) 取締役会設置会社である非公開会社においては、株主総会の普通決議による委任がある場合、取締役会の決議により募集事項を決定することができる。

2) 公開会社において、募集事項は、定款で株主総会の決議により決定する旨を定めている場合等を除き、取締役会の決議により決定する。

3) 募集株式の発行等とは、株式会社が新規発行する株式や処分する自己株式を引き受ける者を募集することをいう。

4) 募集株式の発行のうち、株主割当てとは、株式会社が株主に対し、その有する株式の数に応じて募集株式の割当てを受ける権利を与える方法である。

解答と解説

1) 不適切。取締役会設置会社である非公開会社においては、株主総会の特別決議による委任がある場合、取締役会の決議により募集事項を決定することができる。

2) 適切。

3) 適切。

4) 適切。

正解 1

第 **2** 章

B

リスク管理

保険制度全般(1)

> 保険募集人の募集行為に関する次の記述のうち、最も不適切なものはどれか。
>
> 1) 銀行等が保険募集人として保険募集を行う場合、融資先募集規制により、当該銀行等の事業性資金の融資先に対し、生命保険の募集をいっさいすることはできない。
>
> 2) 投資性の高い保険（特定保険契約）の募集には、金融商品取引法の販売・勧誘ルールが準用され、「適合性の原則」「契約締結前・契約締結時交付書面の交付」等が義務付けられている。
>
> 3) 乗合代理店は、比較可能な同種の保険商品のなかから顧客の意向に沿った保険商品を選別して提案をしようとする場合、乗合代理店が取り扱う保険商品のうち顧客の意向に沿った比較可能な同種の保険商品の概要や当該提案の理由を説明しなければならない。
>
> 4) 金融庁の「保険会社向けの総合的な監督指針」では、高齢者に対する保険募集について、「親族等の同席」「複数の保険募集人による保険募集」「高齢者本人の意向に沿った商品内容等であることの確認」等の取組みを実行するよう求めている。

解答と解説

1) 不適切。銀行等が保険募集人として保険募集を行う場合、募集規制により当該銀行等の事業性資金の融資先に対し、生命保険の募集が制限されているが、一時払終身保険、一時払養老保険、積立傷害保険、積立火災保険等および事業関連保険（銀行等のグループ会社を保険契約者とするものに限る）の募集については制限の対象外とされている。

2) 適切。

3) 適切。

4) 適切。

正解 **1**

保険制度全般(2)

> **保険契約者保護機構に関する次の記述のうち、最も適切なものはどれか。**
>
> 1) 国内で事業を行うJA共済等の各種共済、少額短期保険業者は、募集する共済等の種類に応じて生命保険契約者保護機構または損害保険契約者保護機構に加入しなければならない。
>
> 2) 生命保険契約者保護機構による補償の対象となる生命保険契約のうち、年金原資が保証されている変額個人年金保険については、高予定利率契約を除き、生命保険会社破綻時の年金原資保証額の90％まで補償される。
>
> 3) 損害保険契約者保護機構による補償の対象となる損害保険契約のうち、任意加入の自動車保険については、損害保険会社破綻後3カ月以内に保険事故が発生した場合、支払われるべき保険金の全額が補償される。
>
> 4) 損害保険契約者保護機構による補償の対象となる損害保険契約のうち、傷害保険や所得補償保険は、高予定利率契約を除き、損害保険会社破綻時の責任準備金等の80％まで補償される。

解答と解説

1) 不適切。JA共済等の各種共済および少額短期保険業者は、生命保険契約者保護機構または損害保険契約者保護機構に加入していない。

2) 不適切。変額個人年金保険は、高予定利率契約を除き、責任準備金等の90％まで補償される。

3) 適切。

4) 不適切。傷害保険（保険期間1年超の契約）や所得補償保険は、高予定利率契約を除き、責任準備金等の90％まで補償される。

正解 **3**

生命保険(1)

> 　生命保険契約の各種手続等に関する次の記述のうち、最も適切なものはどれか。
>
> 1)　払済保険に変更した場合、予定利率は変更時点における予定利率が適用され、原則として、元契約に付加されていた特約は消滅するが、リビング・ニーズ特約は消滅しない。
> 2)　生命保険会社は、保険契約者または被保険者の告知義務違反があった場合、生命保険契約の締結日から5年以内で、かつ、契約の解除の原因があることを知った時から2カ月以内であれば、契約を解除することができる。
> 3)　個人年金保険料税制適格特約が付加された個人年金保険において、年金年額の減額を行い返戻金が発生した場合、返戻金は所定の利息を付けて積み立てられ、年金支払開始日に増額年金の買増しに充てられる。
> 4)　契約転換とは、現在の生命保険契約を活用して同一の生命保険会社で新規に契約する方法であり、転換（下取り）価格には、転換前契約の責任準備金が充当され、積立配当金は払い戻される。

解答と解説

1)　不適切。払済保険に変更した場合、変更前の予定利率が継続して適用され、原則として、元契約に付加されていた特約は消滅するが、リビング・ニーズ特約は消滅しない。
2)　不適切。保険法によれば、生命保険会社は、保険契約者または被保険者の告知義務違反があった場合、生命保険契約の締結日から5年以内で、かつ、契約の解除の原因があることを知った時から1カ月以内であれば、契約を解除することができる。
3)　適切。
4)　不適切。契約転換における転換（下取り）価格には、転換前契約の責任準備金および積立配当金が充当される。従って、配当積立金は払い戻されない。

正解　**3**

生命保険(2)

> 総合福祉団体定期保険の一般的な特徴に関する次の記述のうち、適切なものはいくつあるか。
>
> (a) 総合福祉団体定期保険の保険期間は1年から5年であり、保険期間が長いほど、毎年の保険料は割安となる。
>
> (b) 総合福祉団体定期保険の保険料率は、被保険者の年齢に応じて保険料が算出される「年齢群団別保険料率」が適用されるため、被保険者の年齢に関係なく同一の保険料となる「平均保険料率」に比べて割安となる。
>
> (c) ヒューマン・ヴァリュー特約を付加するためには、被保険者になる者の署名、押印のある個々の同意書および医師の診査が必要となる。
>
> 1) 1つ
>
> 2) 2つ
>
> 3) 3つ
>
> 4) 0(なし)

第2章 B

リスク管理

解答と解説

(a) 不適切。総合福祉団体定期保険の保険期間は「1年」である。

(b) 不適切。総合福祉団体定期保険の保険料率は、「年齢群団別保険料率」と「平均保険料率」のいずれかが適用される。被保険者の年齢構成によっては、平均保険料の方が割安になる場合がある。

(c) 不適切。ヒューマン・ヴァリュー特約を付加するためには、被保険者になる者の署名、押印のある個々の同意書が必要であるが、医師の診査は不要である。

したがって、適切なものは0(なし)である。

正解 4

損害保険(1)

　自動車損害賠償責任保険（以下、「自賠責保険」という）に関する次の記述のうち、最も**不適切**なものはどれか。

1) 自賠責保険は、自動車の運行中の事故に対して保険金が支払われるが、運行には自動車の走行だけではなく、クレーン車のクレーン操作などの自動車に構造上設備されている装置を本来の目的に従って使用する場合も含まれる。

2) 複数台の自動車による事故において、共同不法行為により他人の身体に損害を与えた場合、自賠責保険の保険金額に加害者の有効な自賠責保険の契約数を乗じたものが、保険金の支払限度額になる。

3) 自賠責保険では、保険契約者または被保険者の悪意によって発生した損害について保険金は支払われないが、被害者は、保険会社に対し、保険金額の限度において損害賠償額の支払を請求することができる。

4) 自賠責保険では、自動車事故の被害者の過失割合が5割以上の場合、積算した損害額が保険金額に満たないときには積算した損害額から、保険金額以上となるときには保険金額から、被害者の過失割合に応じて2割から5割の減額が行われる。

解答と解説

1) 適切。

2) 適切。

3) 適切。

4) 不適切。自賠責保険では、自動車事故の被害者の過失割合が7割以上の場合、積算した損害額が保険金額に満たないときには積算した損害額から、保険金額以上となるときには保険金額から、被害者の過失割合に応じて2割から5割の減額が行われる。

正解　4

損害保険⑵

事業活動に係る各種損害保険に関する次の記述のうち、最も不適切なものはどれか。

1) サイバー保険や個人情報漏えい保険では、外部からの不正アクセスにより、顧客の個人情報が外部に漏えいした場合に、被保険者が法律上の損害賠償責任を負うことによって被る損害やそれらに対応する費用を補償する。

2) 生産物賠償責任保険では、第三者に引き渡した製品や仕事の結果に起因する事故により、他人の身体または財物に損害を与えた場合に、被保険者が法律上の損害賠償責任を負うことによって被る損害を補償する。

3) 施設所有（管理）者賠償責任保険では、施設の管理や施設の用法に伴う仕事の遂行が原因となり、他人の身体または財物に損害を与えた場合に、被保険者が法律上の損害賠償責任を負うことによって被る損害を補償する。

4) 労働災害総合保険は、労働者災害補償保険（政府労災保険）の上乗せ補償を目的とした「法定外補償保険」と、従業員の仕事の遂行が原因となり、第三者に損害を与えた場合に、被保険者が法律上の損害賠償責任を負うことによって被る損害を補償する「使用者賠償責任保険」の2つの補償から構成されている。

解答と解説

1) 適切。

2) 適切。

3) 適切。

4) 不適切。労働災害総合保険は、労働者災害補償保険（政府労災保険）の上乗せ補償を目的とした「法定外補償保険」と、従業員の仕事の遂行が原因となる労災事故が発生して使用者としての法律上の損害賠償責任を負うことによって被る損害を補償する「使用者賠償責任保険」の2つの補償から構成されている。

正解 4

第三分野の保険

> 第三分野の保険・特約の一般的な商品性に関する次の記述のうち、適切なものはいくつあるか。
>
> (a) 指定代理請求特約において、指定代理請求人として指定することができる範囲は、被保険者の配偶者、直系血族、直系血族以外の2親等以内の親族であり、一般に甥や姪を指定することはできない。
>
> (b) 要介護状態になった場合に、一時金や年金を受け取ることができる介護保険において、年齢、保険期間等の契約内容が同一であるときは、保険料は、被保険者が男性よりも女性のほうが高くなる。
>
> (c) 認知症保険は、一定期間の待期期間（不担保期間・免責期間）が設けられており、待期期間経過後に認知症と診断確定された場合に給付金が支払われるが、保険期間中に給付金が支払われなかった場合、一般に払込保険料相当額の満期保険金が支払われる。
>
> 1) 1つ
> 2) 2つ
> 3) 3つ
> 4) 0（なし）

解答と解説

(a) 不適切。指定代理請求特約において、指定代理請求人として指定することができる範囲は、一般に、被保険者の配偶者、直系血族、直系血族以外の3親等以内の親族などであり、甥や姪（3親等）を指定することができる。

(b) 適切。民間保険会社の介護保険の保険料は、被保険者が男性よりも平均余命の長い女性のほうが高くなる。

(c) 不適切。認知症保険では、保険期間が定められている有期型において、保険期間中に給付金が支払われなかった場合であっても、一般に、払込保険料相当額の満期保険金が支払われることはない。

したがって、適切なものは1つである。

正解 **1**

保険制度全般

　一般社団法人生命保険協会が作成した「2022年版 生命保険の動向」に基づき、保険マーケット等の最近の動向に関する次の記述のうち、適切なものはいくつあるか。

(a) 2021年度末の個人保険の保有契約件数は2020年度末よりも増加したが、保有契約高は、死亡保障を抑えて医療保障を充実させる近年の傾向などを反映して2020年度末よりも減少した。

(b) 新型コロナウイルス感染症の患者の増加等があり、2021年度の入院給付金の支払件数・支払金額は、いずれも2020年度よりも増加した。

(c) 2021年度の生命保険会社の登録営業職員数は2020年度よりも減少したが、2021年度の法人代理店数および個人代理店数は2020年度よりも増加した。

1) 1つ

2) 2つ

3) 3つ

4) 0（なし）

解答と解説

(a) 適切。2021年度末の個人保険の保有契約件数は、前年度比101.5％となり増加した。一方、2021年度末の個人保険の保有契約高は、死亡保障を抑えて医療保障を充実させる近年の傾向などを反映して前年度比98.9％と減少した。

(b) 適切。2021年度について、入院給付金の支払件数は前年度比115.5％、支払金額は前年度比108.6％といずれも増加した。

(c) 不適切。2021年度の登録営業職員数、法人代理店数および個人代理店数は、2020年度よりも減少した。

　したがって、適切なものは2つである。

正解 2

生命保険(1)

生命保険会社の健全性・収益性に関する指標等に関する次の記述のうち、最も不適切なものはどれか。

1) 責任準備金の積立方式のうち、チルメル式では、事業費を初年度に厚くし、初年度以降、一定の期間で償却すると想定し、責任準備金を計算する。

2) 基礎利益は、保険会社の基礎的な期間損益の状況を表す指標であり、経常利益に有価証券売却損益等の「キャピタル損益」を加えて、危険準備金繰入額等の「臨時損益」を除いて算出される。

3) EV（エンベディッド・バリュー）は、保険会社の企業価値を表す指標であり、貸借対照表などから計算される「修正純資産」と保有契約から将来生じる利益の現在価値である「保有契約価値」を合計して算出される。

4) 実質純資産額は、有価証券や有形固定資産の含み損益等を反映した時価ベースの資産の合計から、価格変動準備金や危険準備金等の資本性の高い負債を除いた負債の合計を差し引いて算出される。

解答と解説

1) 適切。

2) 不適切。基礎利益は、保険会社の基礎的な期間損益の状況を表す指標であり、経常利益から有価証券の売却損益等の「キャピタル損益」と「臨時損益」を除いて算出される。

3) 適切。

4) 適切。

正解 2

生命保険⑵

　生命保険契約の各種手続等に関する次の記述のうち、**最も適切なもの**はどれか。

1)　被保険者が死亡し、死亡保険金受取人が死亡保険金の請求をした場合、一般に、保険会社に請求書類が到着した日の翌日から10営業日以内に死亡保険金が支払われることとされている。

2)　契約者（＝保険料負担者）は、遺言によって死亡保険金受取人を変更することができるが、その変更を保険会社に対抗するためには、相続発生後、契約者（＝保険料負担者）の相続人が保険会社にその旨を通知する必要がある。

3)　個人年金保険料税制適格特約が付加されていない定額個人年金保険において、基本年金年額の減額を行い返戻金が発生した場合、返戻金は払い戻されず、所定の利息をつけて積み立てられ、年金開始日に増額年金の買い増しに充てられる。

4)　加入している生命保険契約を払済保険に変更する場合、被保険者は改めて健康状態等についての告知または医師の診査を受ける必要がある。

解答と解説

1)　不適切。被保険者が死亡し、死亡保険金受取人が死亡保険金の請求をした場合、一般に、保険会社に請求書類が到着した日の翌日から5営業日以内に死亡保険金が支払われることとされている。

2)　適切。

3)　不適切。個人年金保険料税制適格特約が付加されていない定額個人年金保険において、基本年金年額の減額を行い返戻金が発生した場合、返戻金が払い戻される。本肢の記述は、個人年金保険料税制適格特約が付加されている定額個人年金保険についての説明である。

4)　不適切。加入している生命保険契約を払済保険に変更する場合、被保険者の健康状態にかかわらず変更が可能であり、被保険者の告知または医師の診査を受ける必要はない。

正解 2

生命保険⑶

> 　所得税の生命保険料控除に関する次の記述のうち、最も適切なものはどれか。
>
> 1) 　少額短期保険業者と締結した少額短期保険について、契約者（＝保険料負担者）が被保険者、死亡保険金受取人が配偶者である少額短期保険の保険料は、一般の生命保険料控除の対象となる。
> 2) 　自動振替貸付により生命保険料控除の対象となる終身保険の保険料の払込みに充当した金額は、充当した年分の一般の生命保険料控除の対象となる。
> 3) 　悪性新生物、急性心筋梗塞、脳卒中により所定の状態に該当した場合に、生前に死亡保険金と同額の特定疾病保険金を受け取ることができる特定疾病保障定期保険の保険料は、介護医療保険料控除の対象となる。
> 4) 　2023年中に加入した生命保険料控除の対象となる終身保険について、保険料払込期間の全期間の保険料を前納した場合、当該保険料の全額が2023年分の一般の生命保険料控除の対象となる。

解答と解説

1) 　不適切。少額短期保険業者が取り扱う少額短期保険契約の保険料は、生命保険料控除の対象とはならない。

2) 　適切。

3) 　不適切。生前に死亡保険金と同額の特定疾病保険金を受け取ることができる特定疾病保障定期保険の保険料は、一般の生命保険料控除の対象となる。

4) 　不適切。2023年中に加入した生命保険料控除の対象となる終身保険について、保険料払込期間の全期間の保険料を前納した場合、当該保険料のうち当年分（2023年分）に相当する保険料のみが当年分の一般の生命保険料控除の対象となる。

正解　2

B-12

損害保険(1)

　　各種損害保険に付帯することができる個人賠償責任（補償）特約（以下、「本特約」という）の一般的な商品性に関する次の記述のうち、最も適切なものはどれか。なお、記載のない事項については考慮しないものとする。

1)　民法第709条に規定する不法行為による損害について、本特約では、被保険者の故意による損害は補償の対象とならない。

2)　本特約における被保険者には、保険契約締結時における記名被保険者の配偶者や同居の親族等が含まれるが、保険契約締結後に婚姻により配偶者となった者や同居した親族は被保険者とならない。

3)　本特約では、別荘等の被保険者が一時的に居住の用に供する住宅の管理に起因して発生した偶然な事故は補償の対象とならない。

4)　本特約が付帯された自動車保険のノンフリート契約において、本特約の保険金が支払われた場合、「1等級ダウン事故」に該当し、契約更新後の等級は1等級下がる。

解答と解説

1)　適切。

2)　不適切。個人賠償責任（補償）特約における被保険者には、保険期間中における記名被保険者の配偶者や同居の親族等が含まれ、保険契約締結後に婚姻により配偶者となった者や同居した親族についても被保険者となる。

3)　不適切。個人賠償責任（補償）特約では、別荘等の被保険者が一時的に居住の用に供する住宅の管理に起因して発生した偶然な事故についても補償の対象となる。

4)　不適切。個人賠償責任（補償）特約が付帯された自動車保険のノンフリート契約において、本特約の保険金のみが支払われた場合、「ノーカウント事故」に該当しノンフリート等級が下がらず、契約更新後の等級については1等級上がることになる。

正解　1

損害保険(2)

地震保険に関する次の記述のうち、最も不適切なものはどれか。

1) 地震保険では、72時間以内に生じた2以上の地震等は、被災地域がまったく重複しない場合を除き、一括して1回の地震等とみなされる。

2) 地震保険は、火災保険に原則自動付帯となっているが、契約者が地震保険を付帯しないことの意思表示をした場合は、付帯しないことができる。

3) 地震保険では、1回の地震等により支払われる保険金の額にかかわらず、支払われる保険金の総額の2分の1を民間（各損害保険会社および日本地震再保険株式会社）が負担し、残りの2分の1を政府が負担する。

4) 地震を原因とする地盤液状化により、地震保険の対象である木造建物が傾斜した場合、傾斜の角度または沈下の深さにより一定の損害が認定されれば、保険金が支払われる。

解答と解説

1) 適切。

2) 適切。

3) 不適切。地震保険では、本肢に記載されている仕組みではなく、民間保険会社が負う地震保険責任の一定額以上の地震損害を政府が再保険する。1回の地震等により政府が支払うべき再保険金の総額は、毎年度、国会の議決を経た金額を超えない範囲内のものでなければならないとされ、2023年度の金額は11兆7,713億円であり、民間保険責任額と合計した1回の地震等による保険金の総支払限度額は12兆円である。なお、現在の制度は地震損害の額が1,533億円以下は民間が全額を負担、1,533億円超2,163億円以下の損害は民間と政府がそれぞれ2分の1を負担、2,163億円超12兆円までの損害はそのほとんどを政府が負担するという3階層になっている。なお、2024年度は、「1,533億円」が「1,827億円」に、「2,163億円」が「3,807億円」に改定された。

4) 適切。

正解 3

損害保険(3)

　　各種損害保険の保険料等の課税関係に関する次の記述のうち、最も不適切なものはどれか。なお、各選択肢において、いずれも契約者（＝保険料負担者）は個人事業主であるものとする。

1) 業務の用に供する自動車を対象とする自動車保険について、個人事業主であるAさんが支払った保険料は、事業所得の金額の計算上、必要経費に算入される。

2) 店舗併用住宅である建物を対象とする火災保険について、個人事業主であるBさんが支払った保険料のうち、店舗部分に対応する部分の保険料は、事業所得の金額の計算上、必要経費に算入される。

3) 個人事業主であるCさんを被保険者とする傷害保険について、Cさんが支払った保険料は、事業所得の金額の計算上、必要経費に算入される。

4) 従業員を被保険者とする傷害保険について、被保険者である従業員が死亡したことにより、個人事業主であるDさんが受け取った死亡保険金は、事業所得の金額の計算上、収入金額に算入される。

解答と解説

1) 適切。

2) 適切。

3) 不適切。個人事業主であるCさんを被保険者とする傷害保険は、Cさん個人の保険契約に該当するため、Cさんが支払った保険料は、事業所得の金額の計算上、必要経費とすることはできない。

4) 適切。

正解 3

保険制度全般(1)

保険業法および金融庁の「保険会社向けの総合的な監督指針」に関する次の記述のうち、**最も不適切なもの**はどれか。

1) 書面の交付またはこれに代替する電磁的方法により、顧客に情報の提供を行うにあたって、同一媒体を用いて一体で「契約概要」および「注意喚起情報」を記載する場合、それぞれに記載すべき内容を明瞭に区分して表示しなければならない。

2) 保険期間が1カ月以内であり、かつ、被保険者が負担する保険料の額が1,000円以下である保険契約の募集においては、顧客の意向の把握を要しない。

3) 特定保険契約の募集に際しては、加入の動機やニーズ、資産、収入等の財産の状況だけでなく、投資性金融商品の購入経験の有無およびその種類等、顧客の属性等の的確な把握を行うことが求められる。

4) 保険会社においては、「自然災害」「営業上のトラブル」「人事上のトラブル」等に加え、口コミ、インターネット等による「風評」による危機に対しても危機管理マニュアルの策定が求められる。

解答と解説

1) **不適切。**書面の交付またはこれに代替する電磁的方法により、顧客に情報の提供を行うにあたって、同一媒体を用いて一体で「契約概要」および「注意喚起情報」を記載する場合、当該情報が「契約概要」および「注意喚起情報」であることについて省略したうえで、当該情報を「契約情報」として表示することで足りるとされている。

2) 適切。

3) 適切。

4) 適切。

正解 1

保険制度全般⑵

> **各種共済に関する次の記述のうち、最も不適切なものはどれか。**
>
> 1) 全国生活協同組合連合会（全国生協連）が実施する都道府県民共済の加入者の住所や勤務地が他の都道府県に異動した場合、共済契約は移管することができないため、解約しなければならない。
>
> 2) 全国生活協同組合連合会（全国生協連）が実施する都道府県民共済の生命共済は、共済事業の年度ごとの決算において剰余金が生じた場合、割戻金を受け取ることができる。
>
> 3) 全国労働者共済生活協同組合連合会（こくみん共済 coop）が実施するマイカー共済（自動車総合補償共済）の等級は、損害保険会社の自動車保険と異なり、22等級で掛金額の割引率が最も高くなる。
>
> 4) 全国共済農業協同組合連合会（JA共済連）が実施するJA共済は、正組合員以外であっても、出資金を支払い准組合員となることや員外利用することで加入することができる。

解答と解説

1) 不適切。全国生活協同組合連合会（全国生協連）が実施する都道府県民共済（神奈川県では全国共済）の加入者の住所や勤務地が他の都道府県に異動した場合、異動先の都道府県民共済に管理の移換手続をすることにより、共済契約を継続できる。

2) 適切。

3) 適切。

4) 適切。

正解 1

生命保険(1)

> 生命保険の一般的な特徴に関する次の記述のうち、最も不適切なものはどれか。
>
> 1) 個人年金保険料税制適格特約が付加されている個人年金保険の基本年金額を減額した場合、減額した基本年金額に相当する解約返戻金相当部分は、将来の増額年金として積み立てられる。
>
> 2) 指定代理請求特約における指定代理請求人の範囲は、被保険者の配偶者、子、父母、孫、祖父母、兄弟姉妹とされ、甥や姪は被保険者と生計を一にしていたとしても指定代理請求人になることができない。
>
> 3) 契約転換制度により、現在加入している生命保険契約を新たな契約に転換する場合、転換後契約の保険料は、転換時の年齢等により算出され、転換時において告知等をする必要がある。
>
> 4) 市場価格調整（MVA）機能を有する終身保険の解約返戻金は、解約時の市場金利が契約時と比較して上昇していた場合には減少し、低下していた場合には増加することがある。

解答と解説

1) 適切。

2) 不適切。指定代理請求人の範囲は各保険会社の定めによるが、一般的な範囲として、①被保険者の戸籍上の配偶者、②被保険者の直系血族、③被保険者と同居または生計を一にしている被保険者の3親等内の親族であり、甥・姪も含まれる。

3) 適切。

4) 適切。

正解　2

生命保険(2)

> 契約者（＝保険料負担者）を法人、被保険者を役員とする生命保険契約の保険料の経理処理に関する次の記述のうち、最も適切なものはどれか。なお、各選択肢において、保険契約は2019年7月8日以後に契約したもので、保険期間は3年以上あり、保険料は年払いかつ全期払いであるものとする。
>
> 1) 死亡保険金受取人を法人とする最高解約返戻率が70％超85％以下の定期保険に加入した場合、保険期間の当初6割相当期間において支払保険料の4割相当額を資産に計上する。
>
> 2) 死亡保険金受取人を法人とする最高解約返戻率が85％超の定期保険に加入した場合、保険期間の当初6割相当期間の経過後は、支払保険料の全額を損金の額に算入し、資産計上額を残存期間で均等に取り崩して損金の額に算入する。
>
> 3) 死亡保険金受取人を法人とする最高解約返戻率が50％超70％以下、1人の被保険者につき年換算保険料相当額が100万円の定期保険に加入した場合、支払保険料の全額を損金の額に算入する。
>
> 4) 死亡保険金受取人を被保険者の遺族、被保険者を特定の役員とする定期保険に加入した場合、支払保険料はその役員に対する給与となる。

解答と解説

1) 不適切。死亡保険金受取人を法人とする最高解約返戻率が70％超85％以下の定期保険に加入した場合、保険期間の当初4割相当期間において支払保険料の6割相当額を資産に計上する。

2) 不適切。死亡保険金受取人を法人とする最高解約返戻率が85％超の定期保険に加入した場合、解約返戻金相当額が最も高い期間経過後は、支払保険料の全額を損金の額に算入し、資産計上額を残存期間で均等に取り崩して損金の額に算入する。

3) 不適切。死亡保険金受取人を法人とする最高解約返戻率が50％超70％以下、1人の被保険者につき年換算保険料相当額が30万円を超える（100万円）の定期保険に加入した場合、保険期間の当初4割相当期間において支払保険料の4割相当額を資産に計上する。なお、最高解約返戻率が70％以下、かつ、年換

51

算保険料相当額が30万円以下の定期保険に加入した場合、支払保険料の全額を損金の額に算入する。

4) 適切。

/正解 4

損害保険

　所得税の地震保険料控除に関する次の記述のうち、最も不適切なものはどれか。

1)　自己の居住用家屋を対象として少額短期保険業者と締結した地震補償保険の保険料は、地震保険料控除の対象となる。

2)　第三者に賃貸している居住用家屋を対象とする地震保険について、居住用家屋の所有者が支払った保険料は、地震保険料控除の対象とならない。

3)　保険期間が2024年1月1日から2年間である地震保険の保険料を一括で支払った場合、支払った保険料の全額を2024年分の地震保険料控除の対象とすることはできない。

4)　地震保険の対象である自己の居住用家屋が地震によって全損し、保険金が支払われて当該地震保険契約が終了した場合であっても、その年に支払った保険料は地震保険料控除の対象となる。

解答と解説

1)　不適切。少額短期保険業者と締結した地震補償保険の保険料は、地震保険料控除の対象とならない。なお、少額短期保険業者と締結した生命保険や医療保険の保険料についても、生命保険料控除の対象とならない。

2)　適切。

3)　適切。保険期間が2024年1月1日から2年間である地震保険の保険料を一括で支払った場合、支払った保険料を保険期間の年数（2年間）で除した額が2024年分の地震保険料控除の対象となる。

4)　適切。

正解　1

第三分野の保険

> 　第三分野の保険の一般的な商品性に関する次の記述のうち、最も適切なものはどれか。
>
> 1)　更新型の医療保険では、保険期間中に入院給付金を受け取った場合、保険期間満了時に保険契約を更新することができない。
> 2)　人間ドックの受診で異常が認められ、医師の指示の下でその治療を目的として入院した場合、その入院は、医療保険の入院給付金の支払対象となる。
> 3)　特定（三大）疾病保障定期保険は、がん（悪性新生物）・急性心筋梗塞・脳卒中により所定の状態と診断され、特定（三大）疾病保障保険金が支払われたとしても、死亡保険金や高度障害保険金が支払われなければ、保険契約は継続する。
> 4)　限定告知型（引受基準緩和型）医療保険は、所定の告知項目に該当しない場合に加入することができるが、一般に限定告知型でない医療保険に比べて保険料が割高であり、かつ、90 日間または 3 カ月間の免責期間が設けられている。

解答と解説

1)　不適切。更新型の医療保険では、保険期間中に入院給付金を受け取った場合であっても、保険期間満了時に保険契約を更新することができる。
2)　適切。
3)　不適切。特定（三大）疾病保障定期保険は、がん（悪性新生物）・急性心筋梗塞・脳卒中により所定の状態と診断され、特定（三大）疾病保障保険金が支払われた場合、保険契約は消滅する。
4)　不適切。限定告知型（引受基準緩和型）医療保険は、所定の告知項目に該当しない場合に加入することができるが、一般に限定告知型でない医療保険に比べて保険料が割高であり、かつ、1 年間等（各保険会社が定める期間）の支払削減期間（通常の給付金の 50％相当額等）が設けられている保険もある。

正解　**2**

リスク管理と保険

> 事業活動に係る各種損害保険の一般的な商品性に関する次の記述のうち、**最も不適切なもの**はどれか。
>
> 1)　請負業者賠償責任保険に加入することで、ビル建設工事の足場が外れて落下し、隣接する建物を損壊させるなど、請負業者が、工事・作業等の仕事の遂行が原因となり、他人の生命、身体、財物に損害を与えたことによる賠償責任に備えることができる。
>
> 2)　施設所有（管理）者賠償責任保険に加入することで、空調設備から落ちた水を放置したため来客が転倒してケガをするなど、施設の管理や施設の用法に伴う仕事の遂行が原因となり、他人の生命、身体、財物に損害を与えたことによる賠償責任に備えることができる。
>
> 3)　生産物賠償責任保険（PL保険）に加入することで、販売した弁当により食中毒が発生するなど、製造・販売した製品（生産物）や行った仕事の結果が原因となり、他人の生命、身体、財物に損害を与えたことによる賠償責任に備えることができる。
>
> 4)　機械保険に加入することで、従業員の誤操作等によって機械設備に不測かつ突発的な事故が生じて建物を損壊させるなど、機械設備の管理や機械設備の用法に伴う仕事の遂行が原因となり、他人の生命、身体、財物に損害を与えたことによる賠償責任に備えることができる。

解答と解説

1)　適切。

2)　適切。

3)　適切。

4)　不適切。機械保険は、従業員の誤操作等によって機械設備に不測かつ突発的な事故が生じたことにより、稼働可能な状態にある各種機械設備や装置に生じた損害を補償する保険である。したがって、他人の生命、身体、財物に損害を与えたことによる賠償責任は補償しない。

正解　4

C

金融資産運用

マーケット環境の理解

> **わが国の物価指標に関する次の記述のうち、最も不適切なものはどれか。**
>
> 1) 消費者物価指数（CPI）が算出の対象としている財には、原油などの原材料、電気部品などの中間財、建設機械などの設備機械は含まれない。
>
> 2) 消費者物価指数（CPI）では、季節変動を除去した季節調整値を、「総合」「生鮮食品を除く総合」「生鮮食品及びエネルギーを除く総合」などの8系列について公表している。
>
> 3) 企業物価指数（CGPI）は、企業間で取引される財の価格について基準時点の年平均価格を100とした指数であり、公表対象月が2022年5月以後のものは2020年が基準時点となっている。
>
> 4) 原油価格などの輸入品価格の上昇は、その上昇分が国内の製品価格にすべて転嫁されなかった場合、すべて転嫁された場合と比べ、転嫁されなかった相当分だけGDPデフレーターは高くなる。

解答と解説

1) 適切。

2) 適切。

3) 適切。

4) 不適切。「GDPデフレーター＝名目GDP÷実質GDP」で算出され、GDP（名目・実質）を求める際には輸入を控除する。したがって、原油価格などの輸入商品価格の上昇分が国内の製品価格にすべて転嫁されなかった場合は輸入コストの増加で名目GDPが減少するので、すべて転嫁された場合と比べ、転嫁されなかった相当分だけGDPデフレーターは低くなる。

正解 **4**

預貯金・金融類似商品等

　各種信託商品の一般的な特徴に関する次の記述のうち、最も不適切なものはどれか。

1)　後見制度支援信託は、被後見人の生活の安定に資すること等を目的に設定される信託であり、信託契約の締結、信託の変更・解約等の手続があらかじめ家庭裁判所が発行する指示書に基づいて行われ、信託財産は金銭に限定されている。

2)　暦年贈与信託は、委託者が拠出した信託財産のうち毎年一定額を受益者に給付する旨の贈与契約書を作成して設定される信託であり、年間給付額は贈与税の基礎控除額である110万円が上限となる。

3)　生命保険信託は、委託者が保険会社と締結した生命保険契約に基づく保険金請求権を信託銀行等に信託し、委託者の相続が開始した際には、信託銀行等が保険金を受け取り、受益者に対してあらかじめ定められた方法により給付する信託である。

4)　遺言代用信託は、委託者の生存中は委託者が受益者となり、委託者の死亡後は委託者があらかじめ指定した者が受益者となる信託であり、あらかじめ指定した者に対しては、一時金による給付のほか、定期的に一定額を給付することも可能である。

解答と解説

1)　適切。

2)　不適切。暦年贈与信託は、定期贈与ではないため、「毎年一定額を受益者に給付する旨の贈与」には該当しない。毎年、委託者と受益者の間で意思確認が行われ、信託財産のうち一定額が受益者に給付され、年間給付額に基礎控除額110万円までという上限はない。

3)　適切。

4)　適切。

正解　2

債券投資

> **わが国と米国の国債に関する次の記述のうち、最も不適切なものはどれか。**
>
> 1) わが国の変動金利型10年満期の個人向け国債の基準金利は、利子計算期間の開始日の前月までの最後に行われた6カ月物国庫短期証券の入札における平均落札利回りであり、6カ月ごとに見直される。
>
> 2) わが国の物価連動国債の満期は10年であり、最低額面金額は10万円、振替単位は10万円の整数倍である。
>
> 3) 2013年度以降に発行されたわが国の物価連動国債は、償還時の連動係数が1を下回る場合、額面金額で償還される。
>
> 4) 米国の国債には、償還期間が1年以下の割引債であるトレジャリービル（Treasury Bills）、2年以上10年以下の利付債であるトレジャリーノート（Treasury Notes）、10年超の利付債であるトレジャリーボンド（Treasury Bonds）がある。

解答と解説

1) 不適切。変動金利型10年満期の個人向け国債の基準金利は、利子計算期間の開始日の前月までの最後に行われた10年固定利付国債の入札における平均落札利回りであり、6カ月ごとに見直される。

2) 適切。

3) 適切。

4) 適切。

正解 1

株式投資

> **株価指数等に関する次の記述のうち、最も適切なものはどれか。**
>
> 1) 日経平均株価は、構成銘柄の株価を株価換算係数で調整した合計金額を除数で割って算出した修正平均型の株価指標であり、株式分割や構成銘柄の入替え等があった場合、除数の値を修正することで連続性・継続性を維持している。
>
> 2) TOPIX（東証株価指数）については、フロア調整に係るウエイト基準日における浮動株時価総額ウエイトが下限を下回る銘柄は、ウエイトを調整するためのフロア調整係数が設定される。
>
> 3) JPX日経インデックス400は、東京証券取引所のプライム市場に上場する内国普通株式銘柄のうち、時価総額、売買代金、ROE等を基に選定された400銘柄を対象とし、基準値を10,000とした時価総額加重型の株価指数である。
>
> 4) 東証REIT指数は、東京証券取引所に上場しているREITおよびインフラファンドを対象とし、基準値を1,000とした時価総額加重型の指数である。

解答と解説

1) 適切。

2) 不適切。TOPIX（東証株価指数）については、ウエイトにフロア（下限）を設定するのではなく、キャップ（上限）を設定する。キャップ調整に係るウエイト基準日（毎年8月最終営業日）における浮動株時価総額ウエイトが上限を超える銘柄については、10月最終営業日にウエイトを調整するためのキャップ調整係数を設定する。

3) 不適切。JPX日経インデックス400は、東京証券取引所のプライム市場、スタンダード市場およびグロース市場に上場する内国普通株式銘柄のうち、時価総額、売買代金、ROE等を基に選定された400銘柄を対象とし、基準値を10,000とした時価総額加重型（浮動株調整後）の株価指数である。

4) 不適切。東証REIT指数は、東京証券取引所に上場しているREIT全銘柄を対象（インフラファンドは対象外）とし、基準値を1,000とした時価総額加重型

（浮動株調整後）の指数である。

外貨建商品

> 下記の〈条件〉で、為替予約を付けずに円貨を外貨に交換して外貨預金に預け入れ、満期時に外貨を円貨に交換して受け取る場合における利回り（単利による年換算）として、次のうち最も適切なものはどれか。なお、3カ月は0.25年として計算し、税金等は考慮せず、計算結果は表示単位の小数点以下第3位を四捨五入すること。
>
> 〈条件〉
> ・外貨預金の通貨、期間、利率
>
> 　米ドル建て定期預金、期間3カ月、利率4.00％（年率）
> ・為替レート
>
> | | TTS | TTM | TTB |
> |---|---|---|---|
> | 預入時為替レート | 130.00円 | 129.50円 | 129.00円 |
> | 満期時為替レート | 133.00円 | 132.50円 | 132.00円 |
>
> 1) 　2.53％
> 2) 　6.15％
> 3) 　10.22％
> 4) 　16.75％

解答と解説

　1米ドル預け入れたとして計算すると、下記のとおり。

・円貨の元本：

　　1米ドル×130.00円（TTS）＝130円

・満期時（3カ月後）の米ドル元利合計：

　　1米ドル×（1＋0.04×0.25年）＝1.01米ドル

・円貨換算の受取金額：

　　1.01米ドル×132.00円（TTB）＝133.32円

・円貨換算による年利回り：

$$\frac{133.32円－130円}{130円} \div 0.25年 \times 100 = 10.215\cdots\% \rightarrow 10.22\%$$

〈別解〉

$$\frac{\left[\dfrac{132.00円 \times (1 + 0.04 \times 0.25年)}{130.00円}\right] - 1}{0.25年} \times 100 = 10.215\cdots\% \rightarrow 10.22\%$$

正解 3

金融派生商品

> **わが国の先物取引に関する次の記述のうち、最も不適切なものはどれか。**
>
> 1) 先物取引の立会時間は、日中立会と夜間立会（ナイト・セッション）があり、どちらの立会時間も、板寄せ方式やザラバ方式による取引が行われている。
>
> 2) TOPIX先物（ラージ）は、TOPIX（東証株価指数）の1万倍の金額が最低取引単位（1枚）とされ、日経225先物（ラージ）は、日経平均株価の1,000倍の金額が最低取引単位（1枚）とされている。
>
> 3) 株価指数先物取引には、TOPIX先物や日経225先物のほか、JPX日経インデックス400先物、NYダウ先物があり、いずれも大阪取引所に上場している。
>
> 4) 株価指数先物取引の取引最終日は、原則として、各限月の第1金曜日（SQ日）の前営業日となり、取引最終日までに反対売買で決済されなかった建玉は、最終清算数値（SQ値）により決済される。

第3章
C

金融資産運用

解答と解説

1) 適切。

2) 適切。

3) 適切。

4) 不適切。株価指数先物取引の取引最終日は、原則として、各限月の第2金曜日（SQ日）の前営業日となり、取引最終日までに反対売買で決済されなかった建玉は、最終清算数値（SQ値）により決済される。

正解 4

ポートフォリオ運用

ポートフォリオ理論に関する次の記述のうち、最も適切なものはどれか。

1) ポートフォリオのリスクには、アンシステマティックリスク（非市場リスク）とシステマティックリスク（市場リスク）があり、最適ポートフォリオにおいては、システマティックリスク（市場リスク）がゼロとなる。

2) 資産Ａと資産Ｂの共分散は、資産Ａと資産Ｂの相関係数を、資産Ａの標準偏差および資産Ｂの標準偏差で除して算出することができる。

3) 効率的フロンティア上のポートフォリオは、同じリスクのポートフォリオのなかで最も期待収益率が高くなる。

4) 収益率の散らばりが正規分布していると仮定すると、期待収益率が年率10％、標準偏差が年率20％の場合、約99.7％の確率で将来の収益率が年率−30％から50％の範囲に収まるとされる。

解答と解説

1) 不適切。システマティックリスク（市場リスク）は、分散投資によっても消去できないリスクであるため、最適ポートフォリオにおいてもゼロとはならない。

2) 不適切。「相関係数＝共分散÷（Ａの標準偏差×Ｂの標準偏差）」の関係にある。よって、資産Ａと資産Ｂの共分散は、資産Ａと資産Ｂの相関係数に、資産Ａの標準偏差および資産Ｂの標準偏差の積を乗じて算出することができる。

3) 適切。

4) 不適切。収益率の散らばりが正規分布していると仮定すると、約99.7％の確率で将来の収益率が「期待収益率±３標準偏差」の範囲に収まるとされる。したがって、期待収益率が年率10％、標準偏差が年率20％の場合、約99.7％の確率で将来の収益率が年率「−50％（10％−３×20％）から70％（10％＋３×20％）」の範囲に収まるとされる。

/ 正解 3

セーフティネット

> わが国の預金保険制度に関する次の記述のうち、最も適切なものはどれか。
>
> 1) 預金保険制度で保護される預金等の額の算定にあたり、単に名義を借りたにすぎない他人名義預金については、名義の借主が破綻金融機関に有する他の預金等と合算される。
>
> 2) 同一の預金者が、破綻金融機関に、担保権の目的となっている定期預金と担保権の目的となっていない定期預金の口座を有し、その元本の合計額が1,000万円を超える場合、付保預金の特定にあたっては、担保権の目的となっていないものが優先される。
>
> 3) 破綻金融機関に預け入れられていた普通預金については、当該預金者への払戻金が確定する前に、暫定的に1口座当たり200万円を上限に仮払金が支払われることがある。
>
> 4) 預金者が破綻金融機関に対して借入金を有しているときは、借入金について借入約定等の特約により相殺が禁止されている場合を除き、預金者の意思にかかわらず、預金の債権と借入金の債務が相殺される。

解答と解説

1) 不適切。他人名義預金は、預金保険制度による保護の対象とならない。

2) 適切。

3) 不適切。破綻金融機関に預け入れられていた普通預金については、当該預金者への払戻金が確定する前に、暫定的に1口座当たり60万円を上限に仮払金が支払われることがある。

4) 不適切。預金者が破綻金融機関に対して借入金を有しているとき、預金の債権と借入金の債務を相殺するためには、預金者による破綻金融機関に対しての所定の手続きと相殺をする旨の意思表示が必要とされる。

正解 2

関連法規

金融商品取引法に規定されるインサイダー取引規制に関する次の記述のうち、適切なものはいくつあるか。

(a) 上場会社等に係る業務等に関する重要事実が「適時開示情報閲覧サービス」に掲載されると即時に公開措置が完了されるため、当該重要事実に基づく取引は、インサイダー取引規制の対象とならない。

(b) インサイダー取引規制の対象となる行為は、上場株式等の売買その他有償の譲渡もしくは譲受けなどであり、無償で行われる贈与や相続による上場株式の取得はインサイダー取引規制の対象とならない。

(c) 上場会社の従業員が、ストックオプションとして付与された新株予約権を行使して当該上場会社の株式を取得することや、その取得後に当該株式を売却することは、原則として、インサイダー取引規制の対象とならない。

1) 1つ
2) 2つ
3) 3つ
4) 0（なし）

解答と解説

(a) 適切。

(b) 適切。

(c) 不適切。上場会社の従業員が、ストックオプションとして付与された新株予約権を行使して当該上場会社の株式を取得することは、原則として、インサイダー取引規制の適用除外とされているが、取得後に当該株式を売却することはインサイダー取引規制の対象とされる。

したがって、適切なものは2つである。

正解 2

マーケット環境の理解

> **米国の経済指標に関する次の記述のうち、最も不適切なものはどれか。**
>
> 1) 消費者物価指数（CPI）は、労働省労働統計局（BLS）が発表する米国の消費者が購入する物やサービスの価格変動を示す指標である。
>
> 2) 雇用統計は、労働省労働統計局（BLS）が発表する米国の雇用情勢を表す指標で、「失業率」「非農業部門雇用者数」などの項目がある。
>
> 3) ISM製造業景況感指数は、全米供給管理協会（ISM）が発表する米国の製造業の景況感を示す指標で、50を景況感の改善・悪化の分岐点とし、一般に50を上回ると景況感が改善していると判断される。
>
> 4) 消費者信頼感指数は、民間調査機関であるコンファレンスボードが発表する景況感に対する消費者マインドについて2010年を100とした指標で、1,000人の消費者に対して行われるアンケート調査を基にしている。

解答と解説

1) 適切。

2) 適切。

3) 適切。

4) 不適切。消費者信頼感指数は、民間調査機関であるコンファレンスボードが発表する景況感に対する消費者マインドについて1985年を100とした指標で、5,000世帯の消費者に対して行われるアンケート調査を基にしている。

正解 4

債券投資

> **各種債券の一般的な商品性に関する次の記述のうち、最も適切なものはどれか。**
>
> 1) 他社株転換可能債（EB）は、満期償還前の判定日に債券の発行者とは異なる会社の株式（対象株式）の株価が発行時に決められた価格を下回ると、金銭での償還ではなく、対象株式が交付される債券であり、投資家が償還方法を任意に選択することはできない。
>
> 2) 早期償還条項が付いている株価指数連動債（リンク債）は、参照する株価指数の変動によって満期償還日よりも前に償還されることがあるが、償還金額が額面金額を下回ることはない。
>
> 3) ストリップス債は、金利スワップを組み込むことでクーポンが市場金利と逆方向に変動するように設計された債券であり、市場金利が上昇すると受け取る金利が減少する。
>
> 4) 一般に、払込みと償還が円貨で行われ、利払いが米ドル等の外貨で行われる債券はデュアルカレンシー債と呼ばれ、払込みと利払いが円貨で行われ、償還が米ドル等の外貨で行われる債券はリバース・デュアルカレンシー債と呼ばれる。

解答と解説

1) 適切。なお、対象株式の判定日の株価が発行時に決められた価格以上の場合、金銭での償還となる。

2) 不適切。早期償還条項が付いている株価指数連動債（リンク債）について、満期償還日よりも前に償還される場合、償還金額が額面金額を下回ることがある。

3) 不適切。本肢の記述は、仕組債の一種であるリバース・フローター債の説明である。ストリップス債とは、利付債の元本部分と利子部分を分離し、それぞれが割引債券として販売される債券である。

4) 不適切。逆の記述である。一般に、払込みと償還が円貨で行われ、利払いが米ドル等の外貨で行われる債券はリバース・デュアルカレンシー債と呼ばれ、払込みと利払いが円貨で行われ、償還が米ドル等の外貨で行われる債券はデュ

アルカレンシー債と呼ばれる。

正解　1

株式投資

> 株式累積投資および株式ミニ投資に関する次の記述のうち、最も適切なものはどれか。
>
> 1) 株式累積投資は、一般に、毎月1万円以上200万円未満で設定した一定の金額（1,000円単位）で同一銘柄の株式を継続的に買い付ける投資方法である。
>
> 2) 株式累積投資を利用して買い付けた株式が単元未満株であっても、当該株式の名義人は当該株式を購入した投資家となる。
>
> 3) 株式ミニ投資に係る約定価格は、約定日におけるあらかじめ定められた取引所の市場価格に基づき決定され、当該取引所の一定時における最良気配の範囲内の価格または売買高加重平均価格となる。
>
> 4) 株式ミニ投資は、投資家から注文を受託した日が約定日となり、受渡日は原則として約定日から起算して3営業日目となる。

解答と解説

1) 不適切。株式累積投資は、一般に、毎月1万円以上100万円未満で設定した一定の金額（1,000円単位）で同一銘柄の株式を継続的に買い付ける投資方法である

2) 不適切。株式累積投資を利用して買い付けた株式が単元未満株の場合、当該株式の名義人は証券会社（株式累積投資共同買付口）となる。なお、単元株に達した部分の名義人は投資家となる。

3) 適切。

4) 不適切。株式ミニ投資は、投資家から注文を受託した翌営業日が約定日となり、受渡日は原則として約定日から起算して3営業日目（注文日から起算して4営業日目）となる。

正解 **3**

外貨建商品

> 個人（居住者）が国内の金融機関等を通じて行う外貨建て金融商品の取引等に関する次の記述のうち、**最も不適切なもの**はどれか。
>
> 1) 外貨建て金融商品の取引に係る為替手数料の料率は、同一の外貨を対象にする場合であっても、取扱金融機関により異なることがある。
> 2) 国外の証券取引所に上場している外国株式を、国内店頭取引により売買する場合、外国証券取引口座を開設する必要がある。
> 3) 米ドル建て債券を保有している場合、為替レートが円安・米ドル高に変動することは、当該債券に係る円換算の投資利回りの上昇要因となる。
> 4) 外国為替証拠金取引では、証拠金にあらかじめ決められた倍率を乗じた金額まで売買することができるが、その倍率は法令により10倍が上限と定められている。

解答と解説

1) 適切。

2) 適切。

3) 適切。

4) 不適切。外国為替証拠金取引では、証拠金にあらかじめ決められた倍率を乗じた金額まで売買することができるが、その倍率は法令により25倍が上限と定められている。

正解 **4**

金融派生商品

> **オプション取引に関する次の記述のうち、最も適切なものはどれか。**
>
> 1) ITM（イン・ザ・マネー）は、コール・オプションの場合は原資産価格が権利行使価格を下回っている状態をいい、プット・オプションの場合は原資産価格が権利行使価格を上回っている状態をいう。
>
> 2) カラーの買いは、キャップの買いとフロアの買いを組み合わせた取引であり、買い手は売り手にオプション料を支払うことにより、原資産である金利があらかじめ設定した上限金利を上回った場合や下限金利を下回った場合に、その差額を受け取ることができる。
>
> 3) 権利行使期間中であればいつでも権利行使が可能なものをアメリカン・オプション、特定の権利行使日のみ権利行使が可能なものをヨーロピアン・オプションという。
>
> 4) 通貨スワップに、取引の当事者の一方が、あらかじめ定めた期日に当該スワップ取引を終了させるオプションが組み込まれたスワップをスワップションという。

解答と解説

1) 不適切。逆の記述である。ITM（イン・ザ・マネー）とは、オプション取引の買方が権利行使した場合に利益が生じる状態のことをいう。コール・オプションの場合は原資産価格が権利行使価格を上回っている状態をいい、プット・オプションの場合は原資産価格が権利行使価格を下回っている状態をいう。

2) 不適切。カラーの買いは、キャップの買いとフロアの売りを組み合わせた取引である。

3) 適切。

4) 不適切。本肢の記述は、キャンセラブルスワップの説明である。スワップションとは、あらかじめ定めた期日にスワップ取引を行う権利を原資産とするオプション取引をいう。

正解 **3**

ポートフォリオ運用

> 　資本資産評価モデル（CAPM）に関する次の記述のうち、最も不適切なものはどれか。なお、β（ベータ）値は、すべて1より大きいものとする。
>
> 1)　β値と安全資産利子率がともに一定である場合、市場全体の期待収益率が2倍になると、資本資産評価モデル（CAPM）によるポートフォリオの期待収益率は2倍になる。
> 2)　資本資産評価モデル（CAPM）におけるβ値は、市場全体の動向と資産の動向との相関関係を示し、システマティック・リスクを表す指標である。
> 3)　資本資産評価モデル（CAPM）により算出されるポートフォリオの期待収益率を上回った超過収益率を測ることによりリスク調整後収益率を測定する手法を、ジェンセンのアルファ（ジェンセンの測度）という。
> 4)　資本資産評価モデル（CAPM）によれば、同じ市場を対象とする2つのポートフォリオを比較した場合、β値が大きいポートフォリオのほうが、市場全体の変動の影響をより大きく受けるため、価格変動は大きくなる。

解答と解説

1)　不適切。資本資産評価モデル（CAPM）によるポートフォリオの期待収益率は「安全資産利子率＋（市場全体の期待収益率－安全資産利子率）×β」の算式で求める。β値と安全資産利子率がともに一定である場合、市場全体の期待収益率が2倍になってもポートフォリオの期待収益率はちょうど2倍にはならない。
2)　適切。
3)　適切。
4)　適切。資本資産評価モデル（CAPM）では、市場全体の期待収益率を「β＝1」と表し、β値が大きいポートフォリオほど市場全体に対する価格変動が大きくなる（リスクが高くなる）。

正解　1

金融商品と税金

> 　個人（居住者）が購入等する外貨建て金融商品の課税関係に関する次の記述のうち、**最も不適切なもの**はどれか。
>
> 1)　外国銀行の在日支店に預け入れた外貨預金の利子は、利子所得として総合課税の対象となる。
> 2)　国内に所在するX銀行に預け入れた米ドル建ての定期預金が満期となり、満期日にその元本部分を国内のY銀行に米ドルのまま預け入れた場合、その元本部分に係る為替差益は認識しないでよいとされる。
> 3)　国内に所在する証券会社を通じて売却した外貨建てMMFについて為替差益が生じた場合、当該為替差益は、譲渡所得として申告分離課税の対象となる。
> 4)　国内に所在する証券会社を通じて支払われた外国利付債券（国外特定公社債）の利子は、利子所得として申告分離課税の対象となり、外国所得税が課されている場合は、確定申告により外国税額控除の適用を受けることができる。

解答と解説

1)　不適切。外国銀行の在日支店に預け入れた外貨預金の利子は、国内において支払われているため利子所得として源泉分離課税の対象となる。なお、国外において支払われたものは、利子所得として総合課税の対象となる。
2)　適切。
3)　適切。外貨建てMMFは特定公社債等に該当し、為替差益（譲渡益）は上場株式等の譲渡所得として申告分離課税の対象となる。
4)　適切。

正解　1

セーフティネット

わが国の預金保険制度に関する次の記述のうち、最も適切なものはどれか。なお、本問における預金は、いずれも日本国内に本店のある銀行に預け入れられているものとする。

1) 当座預金は、その金額の多寡にかかわらず、預金保険制度の保護の対象外となる。

2) 円建ての預入期間を短縮または延長する権利を銀行が有している預金（仕組預金）は、その金額の多寡にかかわらず、預金保険制度の保護の対象外となる。

3) 単に名義を借りたにすぎない他人名義預金は、預金保険制度の保護の対象となる。

4) 名寄せの結果、破綻金融機関に同一の預金者が、担保権の目的となっていない一般預金等の口座を複数有しており、かつ、その元本の合計額が1,000万円を超える場合、当該一般預金等の弁済期（満期）と金利がそれぞれ異なっているときは、付保預金の特定にあたって弁済期（満期）が早いものが優先される。

解答と解説

1) 不適切。当座預金は決済用預金に該当するため、その金額の多寡にかかわらず、預金保険制度における全額保護の対象となる。

2) 不適切。仕組預金は、通常の円定期預金の店頭表示金利を超える部分の利子についてのみ預金保険制度の保護の対象外となる。

3) 不適切。他人名義預金は、預金保険制度の保護の対象とならない。

4) 適切。付保預金の特定にあたっては、弁済期（満期）が早いものが優先され、満期が同じ預金等が複数ある場合は金利の低いものが優先される。

正解 4

関連法規

> 2022年5月25日に成立し、2023年6月1日に施行された改正消費者契約法に関する次の記述のうち、最も不適切なものはどれか。
>
> 1) 事業者が消費者契約の勧誘に際し、当該契約の目的となるものが消費者の重要な利益についての損害または危険を回避するために通常必要であると判断される事情について、事実と異なることを告げ、消費者がその内容が事実であると誤認をし、それによって当該契約の申込みをした場合、消費者は当該申込みを取り消すことができる。
>
> 2) 事業者は、消費者に対し、消費者契約の解除に伴う損害賠償の額を予定し、または違約金を定める条項に基づき損害賠償または違約金の支払を請求する場合、消費者から説明を求められたときは、損害賠償の額の予定または違約金の算定の根拠の概要を説明するよう努めなければならない。
>
> 3) 事業者の債務不履行または消費者契約における事業者の債務の履行に際してされた当該事業者の不法行為により消費者に損害が生じた場合、その損害を賠償する責任の一部を免除する消費者契約の条項はすべて無効とされる。
>
> 4) 消費者契約の解除に伴って消費者が支払う損害賠償の額を予定する条項を定めた場合、その額が、当該条項において設定された解除の事由、時期等の区分に応じ、当該契約と同種の消費者契約の解除に伴って事業者に生ずべき平均的な損害の額を超えるときは、当該超える部分は無効とされる。

解答と解説

1) 適切。

2) 適切。

3) 不適切。事業者の債務不履行または不法行為により消費者に損害が生じた場合、損害を賠償する責任の全部を免除する消費者契約の条項は無効とされる。ただし、軽過失に限り、事業者の損害賠償責任の一部を免除する条項が認められている。

4) 適切。

正解 **3**

マーケット環境の理解

> わが国の雇用関連指標に関する次の記述のうち、最も適切なものはどれか。
> 1) 有効求人倍率は、月間有効求人数を月間有効求職者数で除して求められる指標である。
> 2) 労働力調査において、労働力人口や完全失業率などの基礎調査票から集計される基本集計は毎月公表され、転職者数や失業期間などの特定調査票から集計される詳細集計は半年ごとに公表される。
> 3) 労働力調査において労働力人口とは、15歳以上の人口のうち、就業者と就業可能でありながら就業の意思のない者を合わせた人口である。
> 4) 内閣府が公表する景気動向指数において、有効求人倍率（除学卒）および完全失業率は遅行系列に採用されている。

解答と解説

1) 適切。
2) 不適切。労働力調査において、原則、基礎調査票から集計される基本集計は毎月（調査月の翌月末）公表され、特定調査票から集計される詳細集計は四半期ごと（最終調査月の翌々月）に公表される。
3) 不適切。労働力人口とは、15歳以上の人口のうち、就業者（月末1週間に少しでも仕事をした者）と完全失業者（就業しておらず1週間以内に求職活動を行っていてすぐに就業できる者）を合わせた人口である。
4) 不適切。景気動向指数において、有効求人倍率（除学卒）は一致系列に採用され、完全失業率は遅行系列に採用されている。

正解 **1**

投資信託

> レバレッジ型ETF等に関する次の記述のうち、最も不適切なものはどれか。なお、本問においては、TOPIX等の指標を原指標といい、原指標の日々の変動率に、一定の倍数を乗じて算出される指標をレバレッジ型指標という。
>
> 1) TOPIXレバレッジ（2倍）指数は、TOPIXを原指標としたレバレッジ型指標であり、TOPIXの前営業日と比べた変動率の2倍の値動きとなるように計算される。
> 2) 原指標の前営業日と比べた変動率の2倍の値動きとなるレバレッジ型指標は、2営業日以上離れた日との比較においては、原指標の変動率の2倍の値動きとはならない。
> 3) レバレッジ型ETFは、参照するレバレッジ型指標に連動した投資成果を目指すため、一般に、先物取引を用いた運用を行っている。
> 4) レバレッジ型ETFの信用取引における委託保証金の額は、上場株式やレバレッジ型ではないETFの信用取引と同様に、約定金額の30％以上と定められている。

解答と解説

1) 適切。
2) 適切。
3) 適切。
4) 不適切。レバレッジ型ETFの委託保証金率は、一般的な委託保証金率である30％にレバレッジの倍率を乗じた率となる。

正解 4

債券投資

以下の表に記載されている割引債券の1年複利計算による単価（空欄①）と固定利付債券の単利計算による最終利回り（空欄②）の組合せとして、次のうち最も適切なものはどれか。なお、税金や手数料等は考慮せず、計算結果は表示単位の小数点以下第3位を四捨五入すること。

	割引債券	固定利付債券
単価	（ ① ）円	101.50円
償還価格	100.00円	100.00円
表面利率	―	1.25%
最終利回り	0.80%	（ ② ）%
残存期間	4年	5年

1) ① 96.80　② 0.94
2) ① 96.86　② 0.94
3) ① 96.80　② 0.95
4) ① 96.86　② 0.95

解答と解説

① 割引債券の単価（1年複利）

割引債券の単価（円）：$\dfrac{100}{(1+最終利回り)^{残存期間}}$

$$= \frac{100}{(1+0.008)^4} = 96.862\cdots 円 → 96.86 円$$

② 固定利付債券の最終利回り（単利）

固定利付債券の最終利回り（%）：$\dfrac{表面利率（クーポン）+\dfrac{償還価格-単価}{残存期間}}{単価} \times 100$

$$= \frac{1.25 + \dfrac{100-101.50}{5}}{101.50} \times 100 = 0.935\cdots\% → 0.94\%$$

正解 **2**

株式投資(1)

> 株式のテクニカル分析に関する次の記述のうち、最も適切なものはどれか。
>
> 1) ローソク足は、一定の取引期間中の株価の値動き（始値、高値、安値、終値）を表したもので、始値よりも終値のほうが高いものを陽線と呼び、始値よりも終値のほうが低いものを陰線と呼ぶ。
>
> 2) MACD（Moving Average Convergence Divergence）は、MACD線とシグナル線と呼ばれる2つの移動平均線を用いた手法で、シグナル線は株価の指数平滑移動平均線である。
>
> 3) ボリンジャーバンドは、株価の移動平均線の上下に標準偏差からなる線を表示したものであり、株価が上昇し始めるとバンドの幅が広がり、株価が下落し始めるとバンドの幅が狭まる。
>
> 4) RSI（Relative Strength Index）は、直近の一定期間内の株価の高値と安値の変動幅から作成され、一般にRSIが100％を超えると株価は割高で反転する可能性が高いと判断される。

解答と解説

1) 適切。

2) 不適切。MACDは、MACD線とシグナル線と呼ばれる2つの移動平均線を用いた手法で、シグナル線はMACD線の指数平滑移動平均線である。

3) 不適切。ボリンジャーバンドは、株価の移動平均線の上下に標準偏差からなる線を表示したものであり、株価の動きが激しいとバンドの幅が広がり、株価の動きが緩やかだとバンドの幅が狭まる。

4) 不適切。RSIは、0～100％の間で推移する。一般に、RSIが70～80％を超えると株価は割高、反対に20～30％を下回ると割安で反転する可能性が高いと判断される。

正解 1

株式投資(2)

> 　国内の取引所に上場している日経225先物等に関する次の記述のうち、最も不適切なものはどれか。
>
> 1)　日経225先物は、日経平均株価（日経225）を原資産とする先物取引であり、大阪取引所に上場している。
>
> 2)　日経225マイクロ先物の最低取引単位（1枚）は、日経平均株価（日経225）の100倍の金額となり、呼値の単位は5円である。
>
> 3)　日経225先物の最低取引単位（1枚）は、日経平均株価（日経225）の1,000倍の金額となり、呼値の単位は10円である。
>
> 4)　日経225先物は、原則として、3月、6月、9月、12月の各月の第2金曜日の前営業日が取引最終日である。

解答と解説

1)　適切。

2)　不適切。日経225マイクロ先物の最低取引単位（1枚）は、日経平均株価（日経225）の10倍の金額となり、呼値の単位は5円である。

3)　適切。

4)　適切。

正解 **2**

金融派生商品

> 一般的なオプション取引に関する次の記述のうち、適切なものはいくつあるか。なお、記載のない事項については考慮しないものとする。
>
> (a) 原資産価格が上昇するほど、コール・オプションおよびプット・オプションのプレミアムは高くなる。
>
> (b) ボラティリティが上昇するほど、コール・オプションおよびプット・オプションのプレミアムは低くなる。
>
> (c) 満期までの残存期間が長いほど、コール・オプションおよびプット・オプションのプレミアムは低くなる。
>
> 1) 1つ
> 2) 2つ
> 3) 3つ
> 4) 0（なし）

解答と解説

(a) 不適切。原資産価格が上昇するほど、コール・オプションのプレミアムは高くなり、プット・オプションのプレミアムは低くなる。

(b) 不適切。ボラティリティが上昇するほど、コール・オプションおよびプット・オプションのプレミアムは高くなる。

(c) 不適切。満期までの残存期間が長いほど、コール・オプションおよびプット・オプションのプレミアムは高くなる。

　したがって、適切なものは0（なし）である。

正解 **4**

ポートフォリオ運用

　以下の表におけるポートフォリオXのジェンセンのα（ジェンセンの測度）として、次のうち最も適切なものはどれか。なお、計算結果は小数点以下第2位を四捨五入すること。

	収益率	標準偏差	β（ベータ）
安全資産	1.0%	－	－
市場全体のポートフォリオ	10.0%	10.0%	1.0
ポートフォリオX	16.0%	20.0%	1.5

1) 0.0%
2) 1.5%
3) 2.5%
4) 6.0%

第**3**章

C

金融資産運用

解答と解説

ジェンセンのα：ポートフォリオの収益率－CAPMによる収益率※

$$= 16.0\% - \{1.0\% + (10.0\% - 1.0\%) \times 1.5\}$$

$$= 1.5\%$$

※　CAPMによる収益率＝安全資産収益率＋（市場全体の収益率－安全資産収益率）× β

正解 **2**

金融資産運用の最新の動向

2024年から始まった新しいNISAに関する次の記述のうち、最も不適切なものはどれか。なお、記載のない事項については考慮しないものとする。

1) ある年の年末の非課税保有額が、つみたて投資枠1,200万円、成長投資枠400万円であった場合、その翌年中に、つみたて投資枠を利用して新たに購入することができる金額の上限は120万円である。

2) ある年の年末の非課税保有額が、つみたて投資枠600万円、成長投資枠1,200万円であり、その翌年中に、つみたて投資枠の商品を簿価残高で600万円分売却した場合、同年中に、つみたて投資枠を利用して新たに購入することができる金額の上限は120万円である。

3) ある年の年末の非課税保有額が、つみたて投資枠300万円、成長投資枠700万円であった場合、その翌年中に、成長投資枠を利用して新たに購入することができる金額の上限は240万円である。

4) ある年の年末の非課税保有額が、つみたて投資枠500万円、成長投資枠1,000万円であり、その翌年中に、成長投資枠の商品を簿価残高で700万円分売却した場合、同年中に、成長投資枠を利用して新たに購入することができる金額の上限は200万円である。

解答と解説

1) 適切。

2) 不適切。つみたて投資枠600万円、成長投資枠1,200万円の場合、生涯非課税限度額1,800万円（うち成長投資枠1,200万円）をすべて使い切っている。その翌年中に、つみたて投資枠の商品を簿価残高で600万円分売却した場合であっても、その年中に投資枠は復活しない。翌々年（売却した年の翌年）には、つみたて投資枠を利用して上限120万円まで新たに購入することができる。

3) 適切。

4) 適切。

正解 **2**

セーフティネット

金融商品取引に係るセーフティネットに関する次の記述のうち、最も不適切なものはどれか。なお、各選択肢において、ほかに必要とされている要件等はすべて満たしているものとする。

1) 証券会社に預け入れた信用取引に係る委託保証金および委託保証金の代用有価証券は、投資者保護基金の補償対象となる。

2) 銀行で購入した投資信託は、投資者保護基金の補償対象となる。

3) 農業協同組合（JA）に預け入れた当座貯金や無利息普通貯金などの決済用貯金は、その預入金額の多寡にかかわらず、全額が農水産業協同組合貯金保険制度の保護の対象となる。

4) 預金保険制度で保護される預金等の額の算定にあたり、金融機関の破綻後に複数の預金口座を有する預金者が死亡した場合、当該預金者の相続人の預金等としてではなく、死亡した預金者の預金等として名寄せされる。

解答と解説

1) 適切。

2) 不適切。銀行は投資者保護基金の会員ではないため、銀行で購入した投資信託は投資者保護基金の補償対象とはならない。

3) 適切。

4) 適切。

正解 2

D

タックスプランニング

所得税の仕組み

> **所得税の非課税所得に関する次の記述のうち、最も適切なものはどれか。**
> 1) 有料道路を使用せずに自動車で通勤している給与所得者に対し、勤務先から通常の給与に加算して支払われる通勤手当は、1カ月当たり最大で15万円までが非課税とされる。
> 2) 傷病手当金や出産手当金、出産育児一時金等の健康保険の保険給付として支給を受ける金銭は、その全額が非課税とされる。
> 3) 生命保険契約の収入保障特約において、当該年金受給権を相続により取得した相続人が受け取る毎年の年金額は、その全額が非課税とされる。
> 4) 地方公共団体に寄附（ふるさと納税）をした者が、寄附に対する謝礼として受け取った返礼品に係る経済的利益は、当該経済的利益が寄附金の額の3割以下であるときは非課税とされる。

解答と解説

1) 不適切。自動車で通勤している給与所得者に対し、勤務先から通常の給与に加算して支払われる通勤手当は、片道の通勤距離に応じて非課税となる1カ月当たりの限度額が定められ、最大で31,600円とされる。
2) 適切。
3) 不適切。生命保険契約の収入保障特約において、当該年金受給権を相続により取得した相続人が受け取る毎年の年金額は、相続税の課税対象とならなかった部分について雑所得として課税対象となる。
4) 不適切。地方公共団体に寄附（ふるさと納税）をした者が、寄附に対する謝礼として受け取った返礼品に係る経済的利益は一時所得として課税対象となる。よって、返礼品に係る経済的利益の額を含めた一時所得の合計額が50万円を超えた場合、確定申告対象となる。

正解 2

各種所得の内容⑴

　居住者に係る所得税の不動産所得および事業所得に関する次の記述のうち、最も適切なものはどれか。なお、記載のない事項については考慮しないものとする。

1) 2022年中に、国外中古建物について不動産所得の金額の計算上生じた損失の金額があり、その損失の額を上回る耐用年数を簡便法により計算した減価償却費の額がある場合、損失の額は国内不動産から生じる不動産所得の金額と内部通算することができるが、不動産所得以外の所得の金額と損益通算することはできない。

2) 不動産業者が販売の目的で取得した建物を一時的に貸し付けたことによる所得は、事業所得となり、事業所得の金額の計算上、その建物について減価償却資産に準じて計算した償却費の額に相当する金額を必要経費に算入することができる。

3) 不動産の貸付が事業的規模でない場合、所有する賃貸アパートを取り壊したことにより生じた損失の金額のうち、不動産所得の金額から引ききれない金額は、不動産所得以外の所得の金額と損益通算することができる。

4) 居住の用に供していた自宅の建物を取り壊し、その敷地上に賃貸アパートを建築して貸付の用に供した場合、自宅の取壊しに要した費用は、不動産所得の金額の計算上、必要経費に算入することができる。

解答と解説

1) 不適切。国外中古建物について、国外不動産所得の損失の金額に相当する金額があるときは、その国外不動産所得の金額のうち国外中古建物の償却費に相当する金額は生じなかったものとみなされるため、損益通算することはできない。

2) 適切。

3) 不適切。不動産の貸付が事業的規模でない場合、所有する賃貸アパートを取り壊したことにより生じた損失の金額は、不動産所得の金額を限度として必要経費に算入することができるが、損益通算することはできない。

4) 不適切。居住の用に供していた自宅の建物を取り壊し、その敷地上に賃貸ア

パートを建築して貸付の用に供した場合、自宅の取壊しに要した費用は家事費とされ、不動産所得の金額の計算上、必要経費に算入することはできない。

正解 2

各種所得の内容(2)

> 居住者に係る所得税の譲渡所得の基因となる資産の「取得の日」に関する次の記述のうち、最も適切なものはどれか。
>
> 1) 借地権者が、その借地権の設定されている土地の所有権（底地）を取得した場合、借地権の部分と底地の部分とに区分し、それぞれ「取得の日」を判定する。
>
> 2) 配偶者居住権を有する居住者が、当該配偶者居住権の目的となっている家屋を取得した場合、その「取得の日」は、配偶者居住権を取得した日となる。
>
> 3) 工務店に請け負わせて建築した家屋の「取得の日」は、当該家屋の建築が完了した日となる。
>
> 4) 限定承認によって取得した資産の「取得の日」は、被相続人が当該資産を取得した日となる。

解答と解説

1) 適切。

2) 不適切。配偶者居住権を有する居住者が、当該配偶者居住権の目的となっている建物を取得し当該建物を譲渡した場合において、その「取得の日」は、配偶者居住権の取得の時期に関わらず、当該建物を取得した日となる。

3) 不適切。工務店に請け負わせて建築した家屋の「取得の日」は、当該家屋の引渡しを受けた日となる。

4) 不適切。限定承認によって取得した資産の「取得の日」は、その者が当該資産を取得した日となる。

正解 **1**

第4章 D

タックスプランニング

所得控除

> 　居住者に係る所得税の寡婦控除およびひとり親控除に関する次の記述のうち、最も不適切なものはどれか。なお、各選択肢において、居住者と事実上婚姻関係と同様の事情にあると認められる一定の者はおらず、子は他者の同一生計配偶者や扶養親族ではないものとする。
>
> 1) 　夫と死別後に婚姻していない合計所得金額が500万円以下の者は、生計を一にする総所得金額等が48万円以下の子を有している場合、寡婦控除とひとり親控除の両方の適用を受けることができる。
>
> 2) 　夫と離婚後に婚姻していない合計所得金額が500万円以下の者は、老人扶養親族を有している場合、寡婦控除の適用を受けることができる。
>
> 3) 　婚姻していない合計所得金額が500万円以下の者は、生計を一にする総所得金額等が48万円以下の子を有している場合、ひとり親控除の適用を受けることができる。
>
> 4) 　年の中途に夫と死別した者は、死別した夫につき配偶者控除の適用を受ける場合であっても、その年分においてひとり親に該当するときは、ひとり親控除の適用を受けることができる。

解答と解説

1) 　不適切。夫と死別後に婚姻していない合計所得金額が500万円以下の者は、生計を一にするその年分の総所得金額等が48万円以下の子を有している場合、ひとり親控除の適用を受けることができる。ひとり親に該当する者は、寡婦控除の適用は受けられない。

2) 　適切。

3) 　適切。

4) 　適切。

正解　**1**

税額控除(1)

　「既存住宅の耐震改修をした場合の所得税額の特別控除」（以下、「本控除」という）に関する次の記述のうち、最も不適切なものはどれか。なお、各選択肢において、ほかに必要とされる要件等はすべて満たしているものとする。

1) 自己が居住の用に供する２戸の家屋について耐震改修をした場合、主として居住の用に供すると認められる家屋以外の家屋には本控除の適用を受けることはできない。

2) 自己が所有していない家屋について耐震改修をした場合であっても、当該家屋を自己が居住の用に供していれば、本控除の適用を受けることができる。

3) 本控除と増改築等をした場合の住宅借入金等特別控除のそれぞれ適用要件を満たしている場合であっても、本控除と増改築等をした場合の住宅借入金等特別控除を併用して適用を受けることはできない。

4) 住宅耐震改修に係る耐震工事の標準的な費用の額は、原則として、住宅耐震改修に係る工事の種類ごとに単位当たりの標準的な工事費用の額として定められた金額に、その住宅耐震改修に係る工事を行った床面積等を乗じて計算した金額をいう。

解答と解説

1) 適切。

2) 適切。

3) 不適切。本控除と、増改築等をした場合の住宅借入金等特別控除は、併用して適用を受けることができる。

4) 適切。

正解 3

個人住民税

　　個人住民税に関する次の記述のうち、最も適切なものはどれか。なお、各選択肢において、ほかに必要とされる要件等はすべて満たしているものとする。

1)　Ｘ市に住所を有する個人事業主のＡさん（46歳）が、Ｙ市に所在する事務所で事業を行っている場合、Ｘ市では均等割額が課され、Ｙ市では所得割額が課される。

2)　40年間勤務した会社を退職した会社員のＢさん（63歳）が、退職手当の支払を受けた場合、当該退職手当は、他の所得と区分し、退職手当の支払を受けた年の翌年に所得割額が課される。

3)　ひとり親のＣさん（28歳）が、2022年分の収入が給与収入のみで合計所得金額が135万円以下である場合、2023年度分の所得割額は課されず、均等割額のみが課される。

4)　会社員のＤさん（51歳）の2022年分の所得に給与所得以外の所得がある場合、Ｄさんが普通徴収を希望する場合を除き、当該給与所得以外の所得に係る所得割額は、2023年分の給与所得に係る所得割額および均等割額の合算額に加算して特別徴収が行われる。

解答と解説

1)　不適切。Ｘ市に住所を有する個人事業主のＡさんが、Ｙ市に所在する事務所で事業を行っている場合、Ｘ市では均等割額および所得割額が課され、Ｙ市では均等割額が課される（所得割は課されない）。

2)　不適切。退職手当は、他の所得と区分し、退職手当の支払を受けた年に所得割額が課される。

3)　不適切。ひとり親または寡婦に該当する者が、給与収入のみで合計所得金額が135万円以下である場合、翌年度分の均等割額および所得割額はいずれも課されない。

4)　適切。

正解　4

税額控除(2)

> 「給与等の支給額が増加した場合の法人税額の特別控除」（以下、「本控除」という）に関する次の記述のうち、最も適切なものはどれか。なお、本問においては、本控除における一定の中小企業者等を中小企業といい、それ以外の法人を大企業という。また、各選択肢において、ほかに必要とされる要件等はすべて満たしているものとする。
>
> 1) 大企業では、継続雇用者給与等支給額が前事業年度から3％増加した場合、控除対象雇用者給与等支給増加額の25％相当額を税額控除することができる。
>
> 2) 中小企業では、雇用者給与等支給額が前事業年度から2％増加した場合、控除対象雇用者給与等支給増加額の30％相当額を税額控除することができる。
>
> 3) 大企業では、教育訓練費の額が前事業年度から20％以上増加した場合、税額控除率に5％が加算され、中小企業では、教育訓練費の額が前事業年度から10％以上増加した場合、税額控除率に10％が加算される。
>
> 4) 税額控除することができる金額は、大企業では、その事業年度の法人税額の10％相当額が限度になり、中小企業では、その事業年度の法人税額の20％相当額が限度になる。

解答と解説

1) **不適切。** 大企業では、継続雇用者給与等支給額が前事業年度から3％増加した場合、控除対象雇用者給与等支給増加額の税額控除割合は15％とされている。

2) **不適切。** 中小企業では、雇用者給与等支給額が前事業年度から1.5％増加した場合、控除対象雇用者給与等支給増加額の15％相当額を税額控除し、2.5％以上増加した場合にはさらに税額控除率に15％が加算される。

3) **適切。**

4) **不適切。** 税額控除上限額は、大企業、中小企業のいずれも、その事業年度の法人税額の20％相当額である。

正解 **3**

所得税の申告と納付

> 　青色申告法人の欠損金の繰越控除等に関する次の記述のうち、**最も不適切なものはどれか**。なお、各選択肢において、法人は資本金の額が**5億円以上の法人に完全支配されている法人等ではない中小法人等であるもの**とし、ほかに必要とされる要件等はすべて満たしているものとする。
>
> 1) 欠損金額が生じた事業年度において、法人が青色申告書である確定申告書を提出している場合、その後の各事業年度について白色申告書である確定申告書を提出しても、欠損金の繰越控除の適用を受けることができる。
>
> 2) 繰り越された欠損金額が2以上の事業年度において生じたものからなる場合、そのうち最も古い事業年度において生じた欠損金額に相当する金額から順次損金の額に算入する。
>
> 3) 2023年4月1日に開始する事業年度において、資本金の額が1億円以下の法人が繰り越された欠損金額を損金の額に算入する場合、損金の額に算入することができる欠損金額は、繰越控除前の所得の金額の50％相当額が限度となる。
>
> 4) 災害により棚卸資産、固定資産等に生じた損失に係る欠損金額がある事業年度において、法人が提出した確定申告書が青色申告書でない場合であっても、その災害による欠損金額に相当する金額を、原則として、その事業年度から10年間にわたって繰り越すことができる。

解答と解説

1) 適切。

2) 適切。

3) 不適切。資本金の額が1億円以下の法人が繰り越された欠損金額を損金の額に算入する場合、損金の額に算入可能な欠損金額は、繰越控除前の所得の金額が限度となる（100％控除）。

4) 適切。

正解 **3**

決算書と法人税申告書

> キャッシュフロー計算書の一般的な特徴に関する次の記述のうち、最も不適切なものはどれか。
>
> 1) 保有していた固定資産を売却した場合、投資活動によるキャッシュフローの区分には、売却損益の金額が記載される。
> 2) 間接法による営業活動によるキャッシュフローは、税引前当期純利益の金額に、キャッシュの変動を伴わない減価償却費や売上債権等の運転資金項目等を加算・減算して算出する。
> 3) 財務活動によるキャッシュフローの区分に記載される借入れおよび株式・社債の発行による資金の調達などの表示は、原則として総額による表示とされる。
> 4) 企業が金融機関と締結している当座借越限度枠を、現金および現金同等物と同様に利用している場合、当座借越は負の現金同等物として取り扱う。

解答と解説

1) 不適切。保有していた固定資産を売却した場合、投資活動によるキャッシュフローの区分には、売却金額（固定資産の売却による収入）が記載される。
2) 適切。
3) 適切。
4) 適切。

正解 **1**

各種所得の内容

　居住者に係る所得税の退職所得に関する次の記述のうち、最も不適切なものはどれか。

1)　病気により休職をした期間がある者が退職金を受け取った場合、当該退職金の額が勤続期間から休職をした期間を控除した期間に基づき計算されているときであっても、退職所得控除額の計算上、休職をした期間を控除しない勤続期間により勤続年数を計算する。

2)　過去に勤務先の子会社に出向していた者が退職金を受け取った場合、当該退職金の額が子会社での勤務期間を通算した期間に基づき計算されているときは、退職所得控除額の計算上、子会社での勤務期間を加えた勤続期間により勤続年数を計算する。

3)　同一年中に2カ所の勤務先から退職金を受け取った場合、退職所得の金額は、それぞれの勤務先の勤続年数に基づき、それぞれの退職金について計算された退職所得の金額を合計した額となる。

4)　退職金を受け取った者に前年以前4年内に前の勤務先から退職金が支払われていた場合、本年分の退職金に係る勤続期間と前の退職金に係る勤続期間に重複期間があるときは、本年分の退職金に係る勤続年数に基づき算出した退職所得控除額から、重複期間の年数に基づき算出した退職所得控除額相当額を控除した金額が退職所得控除額となる。

解答と解説

1)　適切。退職所得控除額の計算上、休職期間は勤続年数に含めて計算する。

2)　適切。退職所得控除額の計算上、他社への出向期間は、当該出向期間を通算して退職金の額が計算されている場合、勤続年数に含めて計算する。

3)　不適切。同一年中に2カ所の勤務先から退職金を受け取った場合、2カ所の退職金を合計して退職所得の収入金額とし、退職所得控除額の計算上は長いほうの勤続期間によって勤続年数を算出して退職所得の金額を計算する。ただし、重複していない期間がある場合は、その重複しない部分の期間を長いほうの期間に加算する。

4)　適切。

正解　3

損益通算

「**特定居住用財産の譲渡損失の損益通算及び繰越控除**」（以下、「**本特例**」という）に関する次の記述のうち、最も適切なものはどれか。

1) 居住しなくなった家屋を譲渡する場合、居住しなくなった日以後3年を経過する日の属する年の12月31日までの間に譲渡しなければ、本特例の適用を受けることはできない。

2) 居住しなくなった家屋を取り壊し、その敷地を譲渡する場合、取り壊した家屋およびその敷地の所有期間が、居住しなくなった日の属する年の1月1日において5年を超えていなければ、本特例の適用を受けることはできない。

3) 合計所得金額が3,000万円を超える年分については、本特例による損益通算の適用を受けることはできない。

4) 本特例の対象となる譲渡損失の金額は、譲渡に係る契約を締結した日の前日における当該譲渡資産に係る住宅借入金等の金額が限度となる。

第4章 D

タックスプランニング

解答と解説

1) 適切。

2) 不適切。居住しなくなった家屋を取り壊し、その敷地を譲渡する場合、取り壊した家屋およびその敷地の所有期間が、家屋が取り壊された日の属する年の1月1日において5年を超えていなければ、本特例の適用を受けることはできない。

3) 不適切。合計所得金額が3,000万円を超える年分については、本特例による繰越控除の適用を受けることはできないが、損益通算の適用を受けることはできる。

4) 不適切。本特例の対象となる譲渡損失の金額は、譲渡に係る契約を締結した日の前日における当該譲渡資産に係る住宅借入金等の金額の合計額から当該譲渡資産の譲渡の対価の額を控除した残額が限度となる。

正解 1

税額控除

居住者に係る所得税の配当控除に関する次の記述のうち、**最も不適切なもの**のはどれか。なお、記載のない事項については考慮しないものとする。

1) 公募株式投資信託の分配金に係る配当所得は、確定申告により総合課税を選択することで、配当控除の適用を受けることができる。

2) 配当控除の控除額を計算する際の配当所得の金額は、株式等を取得するために要した負債の利子がある場合、配当金額から当該負債の利子の額を控除した金額である。

3) 配当控除の控除額を計算する際の配当所得の金額は、配当所得の金額が他の所得の金額と損益通算される場合、損益通算する前の配当所得の金額となる。

4) 課税総所得金額が1,000万円を超える場合、配当控除の控除額は、当該配当所得の金額のうち、当該課税総所得金額から1,000万円を控除した金額に達するまでの金額については10％を、その他の金額については5％をそれぞれ乗じて計算した金額の合計額となる。

解答と解説

1) 適切。

2) 適切。

3) 適切。

4) 不適切。課税総所得金額が1,000万円を超える場合、配当控除の控除額は、当該配当所得の金額のうち、当該課税総所得金額から1,000万円を控除した金額に達するまでの金額（つまり、1,000万円を超える部分）については5％を、その他の金額（つまり、1,000万円以下の部分）については10％をそれぞれ乗じて計算した金額の合計額となる。

/ 正解 **4**

所得税の申告と納付

> 所得税の確定申告に関する次の記述のうち、**最も適切なもの**はどれか。なお、記載のない事項については考慮しないものとする。
>
> 1) 同族会社の役員に、役員給与による給与所得の金額が1,500万円、当該同族会社への貸付金の利子の受取りによる雑所得の金額が10万円ある場合、当該役員は確定申告をしなければならない。
>
> 2) 居住者が、年の途中で国内に住所等を有しないこととなるため、納税管理人の届出をした場合、納税管理人は当該納税者の所得について国内に住所等を有しないことになった日から4カ月以内に確定申告をしなければならない。
>
> 3) 確定申告をすべき者が年の途中で死亡し、相続人が2人以上いる場合、死亡した者に係る確定申告書は相続人がそれぞれ提出しなければならない。
>
> 4) 給与所得者が年の途中で退職し、同年中に再就職した場合、再就職先において支給された給与についてのみ年末調整が行われ、前の勤務先における給与については年末調整が行われないため、当該給与所得者は確定申告をしなければならない。

解答と解説

1) 適切。同族会社の役員が、その同族会社から給与のほかに貸付金の利子を受け取っている場合、役員給与や利子の金額の多寡にかかわらず、確定申告をしなければならない。

2) 不適切。居住者が、年の途中で国内に住所等を有しないこととなるため、納税管理人の届出をした場合、納税管理人は、当該納税者のその年の所得について翌年の2月16日から3月15日までに確定申告をしなければならない。

3) 不適切。確定申告をすべき者が年の途中で死亡し、相続人が2人以上いる場合、原則として死亡した者に係る確定申告書は各相続人が連署により提出しなければならない。

4) 不適切。給与所得者が年の途中で退職し、同年中に再就職した場合、再就職先において前の勤務先の給与を含めて年末調整されるため、当該給与所得者

は、原則として確定申告は不要である。

個人事業税

個人事業税に関する次の記述のうち、最も不適切なものはどれか。

1) 個人事業税の課税標準は、原則として、当該年度の初日の属する年の前年中における個人の事業の所得によるが、当該個人が青色申告者であっても、個人事業税における所得の金額の計算上、青色申告特別控除は適用されない。

2) 駐車可能台数が10台未満の機械式立体駐車場を設置した月極駐車場を営んでいる場合、その事業に係る所得に個人事業税は課されない。

3) 不動産貸付業等の第1種事業に係る個人事業税の標準税率は、100分の5である。

4) 所得税の青色申告者は、個人事業税における所得の金額の計算上生じた損失の金額を翌年度以後3年間にわたって繰り越すことができるが、損失の金額を前年度に繰り戻すことはできない。

解答と解説

1) 適切。

2) 不適切。機械式立体駐車場を設置した月極駐車場を営んでいる場合、その駐車可能台数にかかわらず駐車場業に該当し、その事業に係る所得に個人事業税が課される。

3) 適切。個人事業税の標準税率は、第1種事業100分の5、第2種事業100分の4、第3種事業100分の5または100分の3である。

4) 適切。

正解 2

会社、役員間及び会社間の税務(1)

株式会社（内国法人である普通法人）を設立した場合の各種届出に関する次の記述のうち、最も不適切なものはどれか。

1) 法人を設立した場合、法人の設立日から2カ月以内に、法人設立届出書に定款の写し等を添付して納税地の所轄税務署長に提出しなければならない。

2) 個人事業主が、個人事業を廃止し、その事業を新たに設立した法人に引き継ぐ場合、原則として、個人事業の廃止日から2カ月以内に、個人事業の開業・廃業等届出書を納税地の所轄税務署長に提出しなければならない。

3) 法人が設立第1期目から青色申告の承認を受けようとする場合、原則として、設立の日以後3カ月を経過した日と設立第1期の事業年度終了の日とのうちいずれか早い日の前日までに、青色申告承認申請書を納税地の所轄税務署長に提出しなければならない。

4) 法人の設立により健康保険および厚生年金保険の適用事業所となった場合、適用事業所となった日から5日以内に、新規適用届を事業所の所在地を管轄する年金事務所に提出しなければならない。

解答と解説

1) 適切。

2) 不適切。個人事業主が、個人事業を廃止し、その事業を新たに設立した法人に引き継ぐ場合（法人成り）、原則として個人事業の廃止日から1カ月以内に「個人事業の開業・廃業等届出書」を納税地の所轄税務署長に提出しなければならない。

3) 適切。

4) 適切。

正解　2

会社、役員間及び会社間の税務(2)

法人税における役員給与に関する次の記述のうち、最も適切なものはどれか。なお、各選択肢において、法人はいずれも内国法人（普通法人）であるものとする。

1) 事業年度開始の日の属する会計期間開始の日から３カ月以内に給与改定された場合で、その改定前の各支給時期の支給額が同額で、改定後の各支給時期の支給額が同額であれば、原則として、定期同額給与として全額を損金の額に算入することができる。

2) 事前確定届出給与の届出書は、株主総会等により役員の職務につき所定の時期に確定額を支給する旨の定めを決議した日から２カ月を経過する日までに提出しなければならない。

3) 役員に対し、事前確定届出給与としてあらかじめ税務署長に届け出た金額よりも多い金額を役員賞与として支給した場合、原則として、当該役員賞与は事前確定届出給与として届け出た金額を限度として損金の額に算入することができる。

4) 業績連動給与は、業務執行役員に対し、利益等の指標を基礎として算定される額を金銭等で支給する給与であり、その支給をする法人が同族会社以外の法人である場合に限り、その支給額を損金の額に算入することができる。

第4章 D タックスプランニング

解答と解説

1) 適切。

2) 不適切。事前確定届出給与の届出書は、原則として、「株主総会等により役員の職務につき所定の時期に確定額を支給する旨の定めを決議した日から１カ月を経過する日」または「事業年度開始の日から４カ月以内」のいずれか早い日までに提出しなければならない。

3) 不適切。役員に対し、事前確定届出給与としてあらかじめ税務署長に届け出た金額でなければ、多く支給しても、少なく支給しても、当該役員賞与の全額が損金不算入となる。

4) 不適切。同族会社にあっては、同族会社以外の法人との間にその法人による

完全支配関係があるものに限り、業績連動給与の支給額を損金の額に算入することができる。

正解　1

法人税

> 法人税における貸倒損失に関する次の記述のうち、**最も不適切なもの**はどれか。なお、各選択肢において、ほかに必要とされる要件等はすべて満たしているものとする。
>
> 1) 取引先Ｖ社に対して有している売掛金600万円について、Ｖ社は債務超過の状態が数年間継続しており、事業好転の見通しもなく、その回収が困難であると認められる場合、当該売掛金について担保物があるときは、その担保物を処分した後でなければ貸倒れとして損金経理をすることはできない。
>
> 2) 取引先Ｗ社に対して有している貸付金800万円について、Ｗ社は債権者集会の協議決定で合理的な基準による債務者の負債整理が行われ、500万円が切り捨てられることになった場合、当該切り捨てられることになった500万円が貸倒損失として認められる。
>
> 3) 取引先Ｘ社に対して有している貸付金400万円について、Ｘ社との取引を停止した時以後1年以上経過した場合、当該貸付金の額から備忘価額を控除した残額を貸倒れとして損金経理をすることができる。
>
> 4) 遠方に所在する取引先Ｙ社とＺ社（この2社の所在地は同一市内である）について、再三の支払の督促にもかかわらず、事業年度末現在で弁済がなされていない売掛金が、Ｙ社は5万8,000円、Ｚ社は4万円ある場合、その取立てに要する旅費等が10万円かかると見込まれるときは、当該売掛金残高から備忘価額を控除した97,998円が貸倒損失として認められる。

解答と解説

1) 適切。本肢の記述は、いわゆる事実上の貸倒れのケースである。

2) 適切。本肢の記述は、いわゆる法律上の貸倒れのケースである。

3) 不適切。いわゆる形式上の貸倒れについては、売掛債権が対象となり、貸付金は対象とならない。

4) 適切。本肢の記述は、いわゆる形式上の貸倒れのケースである。Ｙ社は5万8,000円から備忘価額（1円）を控除した5万7,999円、Ｚ社は4万円から備

忘価額（１円）を控除した３万9,999円の合計97,998円が貸倒損失として認められる。

正解　3

タックスプランニングの最新の動向

　2023年10月1日に施行される改正消費税法における適格請求書等保存方式（インボイス制度）に関して適格請求書に必要とされる記載事項でないものは、次のうちどれか。

1) 適格請求書発行事業者の氏名または名称

2) 適格請求書の作成日または発行日

3) 課税資産の譲渡等の税抜価額または税込価額を税率ごとに区分して合計した金額

4) 税率ごとに区分した消費税額等

解答と解説

　適格請求書には、次の事項が記載されていることが必要とされる。「適格請求書の作成日または発行日」については、改正消費税法において記載事項とされていない。

① 適格請求書発行事業者の氏名または名称および登録番号

② 課税資産の譲渡等を行った年月日

③ 課税資産の譲渡等に係る資産または役務の内容（課税資産の譲渡等が軽減対象資産の譲渡等である場合には、資産の内容および軽減対象資産の譲渡等である旨）

④ 課税資産の譲渡等の税抜価額または税込価額を税率ごとに区分して合計した金額および適用税率

⑤ 税率ごとに区分した消費税額等

⑥ 書類の交付を受ける事業者の氏名または名称

正解 2

第4章 D タックスプランニング

111

各種所得の内容(1)

居住者の事業所得の金額の計算における棚卸資産の価額の評価方法等に関する次の記述のうち、最も不適切なものはどれか。

1) 製造業を営む者が、原価計算を行わないため半製品および仕掛品について製造工程に応じて製品売価の何％として評価する場合、その評価方法は、売価還元法に該当する。

2) その年の前年12月31日における棚卸資産につき低価法により評価していた場合、その年の12月31日における棚卸資産の評価額の計算の基礎となるその棚卸資産の取得価額は、当該低価法による評価額ではなく、当該低価法の基礎として選定している原価法により評価した価額による。

3) 売上原価に計上する棚卸資産の評価方法は、事業の種類ごと、棚卸資産の区分ごとに選定し、所轄税務署長に届け出るが、届出をしない場合は、最終仕入原価法が評価方法とされる。

4) 販売用の棚卸資産を自家消費したときは、原則として、事業所得の金額の計算上、当該棚卸資産の販売価額の50％相当額を総収入金額に算入する。

解答と解説

1) 適切。

2) 適切。

3) 適切。

4) 不適切。販売用の棚卸資産を自家消費したときは、原則として、事業所得の金額の計算上、当該棚卸資産の販売価額の70％相当額または仕入価額のいずれか高い金額を総収入金額に算入する。

正解 4

各種所得の内容⑵

> 　不動産を譲渡したことによる譲渡所得の金額の計算における取得費に関する次の記述のうち、最も不適切なものはどれか。なお、記載のない事項については考慮しないものとする。
>
> 1)　譲渡資産が、家屋などのように使用または期間が経過することによって価値が減少する資産である場合、取得費は、取得価額、設備費および改良費の合計額から、その減価償却費相当額を差し引いたものとされる。
>
> 2)　相続または遺贈により資産を取得し、かつ、相続税を納めた者が、当該資産を相続の開始日の翌日から相続税の申告期限の翌日以後 3 年以内に譲渡した場合、当該資産の本来の取得費に、その者に課された相続税額のうち、譲渡した資産に対応する部分の金額として一定の方法により計算した金額を加算することができる。
>
> 3)　個人が遺贈（包括遺贈のうち限定承認に係るものを除く）により取得した資産を譲渡した場合、受遺者が取得した時の時価が当該資産の取得費となる。
>
> 4)　取得費は、権利金を支払っていない借家権など、通常、取得費がないものとされる資産の譲渡を除き、収入金額の 5 ％相当額とすることができる。

解答と解説

1)　適切。

2)　適切。いわゆる「相続税の取得費加算の特例」に関する記述である。

3)　不適切。個人が遺贈（包括遺贈のうち限定承認に係るものを除く）により取得した資産を譲渡した場合の取得費は、遺贈者の取得費を引き継ぐ。

4)　適切。

正解　3

第 4 章 D

タックスプランニング

損益通算

> **所得税の損益通算に関する次の記述のうち、最も適切なものはどれか。**
>
> 1) 不動産所得の金額の計算上生じた損失の金額は、給与所得の金額と一時所得の金額がある場合、最初に一時所得の金額から控除する。
> 2) 総合課税の対象となる譲渡所得の金額の計算上生じた損失の金額は、事業所得の金額と一時所得の金額がある場合、最初に一時所得の金額から控除する。
> 3) 一時所得の金額の計算上生じた損失の金額は、不動産所得の金額と総合課税の対象となる譲渡所得の金額がある場合、最初に譲渡所得の金額から控除する。
> 4) 山林所得の金額の計算上生じた損失の金額は、給与所得の金額と退職所得の金額がある場合、最初に退職所得の金額から控除する。

解答と解説

1) 不適切。不動産所得（＝経常所得）の金額の計算上生じた損失の金額は、給与所得（＝経常所得）の金額と一時所得（＝一時・譲渡所得）の金額がある場合、最初に経常所得のグループである不動産所得の金額から控除する。

2) 適切。

3) 不適切。一時所得の金額の計算上生じた損失の金額は、損益通算の対象とはならない。

4) 不適切。山林所得の金額の計算上生じた損失の金額は、給与所得（＝経常所得）の金額と退職所得（経常所得および一時・譲渡所得以外）の金額がある場合、最初に経常所得グループである給与所得の金額から控除する。

正解 2

所得控除

> 　居住者に係る所得税の配偶者控除および配偶者特別控除に関する次の記述のうち、最も不適切なものはどれか。なお、記載のない事項については考慮しないものとする。
>
> 1) 　納税者の合計所得金額が1,000万円を超えている場合、配偶者の合計所得金額の多寡にかかわらず、配偶者控除および配偶者特別控除は適用されない。
>
> 2) 　配偶者の合計所得金額が133万円を超えている場合、納税者の合計所得金額の多寡にかかわらず、配偶者控除および配偶者特別控除は適用されない。
>
> 3) 　老人控除対象配偶者とは、控除対象配偶者のうち、その年の12月31日現在の年齢が75歳以上の者をいう。
>
> 4) 　配偶者が青色事業専従者として給与の支払を受けている場合、納税者および配偶者のそれぞれの合計所得金額の多寡にかかわらず、配偶者控除および配偶者特別控除は適用されない。

第4章 D タックスプランニング

解答と解説

1) 　適切。

2) 　適切。

3) 　不適切。老人控除対象配偶者とは、控除対象配偶者のうち、その年の12月31日現在の年齢が70歳以上の者をいう。

4) 　適切。

正解 3

税額控除

> 住宅借入金等特別控除に関する次の記述のうち、最も不適切なものはどれか。なお、各選択肢において、ほかに必要とされる要件等はすべて満たしているものとする。
>
> 1) 住宅（床面積100㎡）を取得した場合において、控除を受ける年分の合計所得金額が2,000万円以下でなければ、住宅借入金等特別控除の適用を受けることができない。
>
> 2) 店舗併用住宅を取得した場合において、その床面積の2分の1以上に相当する部分が専ら居住の用に供されなければ、住宅借入金等特別控除の適用を受けることができない。
>
> 3) 住宅を取得して居住を開始した年に勤務先からの転任命令により転居し、その年の12月31日において当該住宅に居住していなかった場合、当該住宅に再び居住した日の属する年以後、残存控除期間について、住宅借入金等特別控除の適用を受けることができる。
>
> 4) 認定住宅等以外の一般の新築住宅に係る住宅借入金等特別控除について、2023年中に居住を開始した場合、控除額は住宅ローンの年末残高3,000万円までにつき控除率0.7％で計算され、控除期間は最長で10年となる。

解答と解説

1) 適切。

2) 適切。

3) 適切。

4) 不適切。一般の新築住宅に係る住宅借入金等特別控除について、2023年中に居住を開始した場合、控除額は住宅ローンの年末残高3,000万円までにつき控除率0.7％で計算され、控除期間は最長で13年となる。なお、2024年中に居住を開始した場合、年末残高は2,000万円まで、控除率は0.7％、控除期間は最長で10年となる（なお、2023年中に建築確認を受けている場合または、2024年6月30日以前に建築されている場合に限る）。

正解 **4**

個人住民税

個人住民税に関する次の記述のうち、最も適切なものはどれか。

1) 給与所得に係る住民税は、給与を支払った事業者が市区町村に提出する給与支払報告書に基づき計算され、原則として、翌年の4月から翌々年の3月までの12回に分割して、毎月の給与から徴収される。

2) 不動産所得を有する給与所得者が所得税の確定申告を行う場合、不動産所得に係る住民税の徴収方法について、特別徴収または普通徴収を選択することができる。

3) 普通徴収によって住民税を納付している者が2023年中に他の市区町村に転居した場合、その転居した後に納期限が到来する2023年度に納付すべき住民税は、転居先の市区町村に納付することになる。

4) 納税者の合計所得金額が2,400万円以下である場合、住民税の基礎控除の控除額は48万円である。

解答と解説

1) 不適切。給与所得に係る住民税は、給与を支払った事業者が市区町村に提出する給与支払報告書に基づき計算され、原則として翌年の6月から翌々年の5月までの12回に分割して、毎月の給与から徴収される。

2) 適切。

3) 不適切。普通徴収によって住民税を納付している者が2023年中に他の市区町村に転居した場合、その転居した後に納期限が到来する2023年度に納付すべき住民税も、転居前の市区町村に納付することになる。個人住民税は、その年の1月1日現在の住所地において、前年の所得に対して課税される。

4) 不適切。納税者の合計所得金額が2,400万円以下である場合、住民税の基礎控除の控除額は43万円である。なお、所得税においては48万円となる。

正解 2

第4章
D

タックスプランニング

法人税(1)

法人税法上の益金に関する次の記述のうち、**最も不適切なもの**はどれか。なお、各選択肢において、法人はいずれも内国法人（普通法人）であるものとする。

1) 法人がその有する棚卸資産の評価換えをしてその帳簿価額を増額した場合、その増額した部分の金額は、原則として、益金の額に算入する。

2) 法人が株式保有割合3分の1超100％未満の法人の株式（関連法人株式等）に係る配当を受け取った場合、その額から関連法人株式等に係る負債利子の額を控除した金額が益金不算入となる。

3) 法人が完全支配関係のある法人の株式（完全子法人株式等）に係る配当を受け取った場合、その全額が益金不算入となる。

4) 法人が法人税の還付を受けた場合、還付加算金は益金の額に算入し、還付金は益金不算入となる。

解答と解説

1) 不適切。棚卸資産の評価替えによる評価益は、原則として益金に算入しない。一方、棚卸資産の評価減が計上できる場合も、災害により著しく損傷したこと、あるいは著しく陳腐化したことなど、一定の事実がある場合に限られる。

2) 適切。

3) 適切。

4) 適切。

正解 1

D-26

法人税(2)

卸売業を営むＸ株式会社（以下、「Ｘ社」という）は、当期（2023年４月１日～2024年３月31日）において損金経理により一括評価金銭債権に係る貸倒引当金を200万円繰り入れた。Ｘ社の当期末における一括評価金銭債権の帳簿価額等が下記のとおりである場合、損金の額に算入されない貸倒引当金の繰入限度超過額として、次のうち最も適切なものはどれか。

なお、Ｘ社は資本金3,000万円の中小法人であり、資本金５億円以上の法人に完全支配されている法人等ではないものとする。また、繰入限度額が最も高くなるように計算することとし、記載のない事項については考慮しないものとする。

期末の一括評価金銭債権の帳簿価額	：	1億5,000万円
実質的に債権とみられない金銭債権の金額	：	1,000万円
卸売業に係る法定繰入率	：	1,000分の10
貸倒実績率（実績繰入率）	：	1,000分の7

1) 50万円
2) 60万円
3) 95万円
4) 102万円

第4章

D

タックスプランニング

解答と解説

Ｘ社は資本金１億円以下の中小法人であり、資本金５億円以上の法人に完全支配されている法人等ではないため、一括評価金銭債権の繰入限度額の計算において、貸倒実績率（実績繰入率）に代えて法定繰入率を選択できる。

・実質繰入率による繰入限度額：1億5,000万円 $\times \dfrac{7}{1,000} = 105$ 万円

・法定繰入率による繰入限度額：

$$（1億5,000万円－1,000万円^{※}）\times \frac{10}{1,000} ＝ 140万円$$

※　実質的に債権とみられない金銭債権の金額は、一括評価金銭債権の帳簿
　　価額から除く。

105万円＜140万円∴140万円

・貸倒引当金の繰入限度超過額：200万円－140万円＝60万円

正解　2

決算書と法人税申告書

> 　企業会計上の当期純利益と法人税法上の課税所得に関する次の記述のうち、適切なものはいくつあるか。
>
> (a)　企業会計上の当期純利益に益金不算入項目および損金算入項目を加算し、益金算入項目および損金不算入項目を控除することで、法人税法上の課税所得を算出することができる。
>
> (b)　内国法人から受け取った当該内国法人の株式に係る配当の額は、確定申告書等に益金の額に算入されない配当の額およびその計算に関する明細を記載した書類を添付して申告調整しなければ益金不算入とすることができない。
>
> (c)　企業会計上、減価償却費を損金経理していない場合、償却限度額に達するまでの金額については申告調整で損金算入することができる。
>
> 1)　1つ
>
> 2)　2つ
>
> 3)　3つ
>
> 4)　0（ゼロ）

解答と解説

(a)　不適切。企業会計上の当期純利益に損金不算入項目および益金算入項目を加算し、損金算入項目および益金不算入項目を控除することで、法人税法上の課税所得を算出することができる。

(b)　適切。

(c)　不適切。企業会計上、減価償却費を損金経理していない場合、申告調整により損金算入することはできない。

　したがって、適切なものは1つである。

正解　1

第**4**章

D

タックスプランニング

第 **5** 章

E

不動産

不動産の見方

> **不動産鑑定評価基準に関する次の記述のうち、最も適切なものはどれか。**
>
> 1) 原価法は、対象不動産が建物およびその敷地である場合において、再調達原価の把握および減価修正を適切に行うことができるときに有効な手法であるため、対象不動産が土地のみである場合、適用することはできない。
>
> 2) 取引事例比較法は、時点修正が可能である等の要件を満たす取引事例について、近隣地域または同一需給圏内の類似地域に存する不動産に係るものから選択するが、必要やむを得ない場合は、近隣地域の周辺の地域に存する不動産に係るものから選択してもさしつかえない。
>
> 3) 収益還元法は、対象不動産が将来生み出すであろうと期待される純収益の現在価値の総和を求めることにより対象不動産の価格を求める手法であるため、自用の不動産には適用することはできない。
>
> 4) 資産の流動化に関する法律に規定する資産の流動化の対象となる不動産について、鑑定評価目的のもとで投資家に示すための投資採算価値を表す価格は、特殊価格として求める。

解答と解説

1) 不適切。原価法は、対象不動産が土地のみである場合であっても、造成地など再調達原価を適切に算出できる場合には適用することができる。

2) 適切。

3) 不適切。収益還元法は、市場性を有しない不動産以外は適用すべきとされ、自用の不動産であっても、賃貸を想定することにより適用することができる。

4) 不適切。資産の流動化に関する法律に規定する資産の流動化の対象となる不動産について、鑑定評価目的のもとで投資家に示すための投資採算価値を表す価格は、特定価格として求める。なお、特定価格とは、市場性を有する不動産について、法令等による社会的要請を背景とする鑑定評価目的のもとで、不動産の経済価値を適正に表示する価格をいう。特殊価格とは、文化財等の一般的に市場性を有しない不動産について、利用現況等を前提とした不動産の経済価値を適正に表示する価格をいう。

正解 **2**

不動産の取引(1)

> 　宅地建物取引業法および民法に関する次の記述のうち、最も適切なものはどれか。
>
> 　なお、本問においては、買主は宅地建物取引業者ではないものとする。
>
> 1) 　宅地または建物の売買契約において、目的物が種類・品質に関して契約の内容に適合しない場合、買主が売主に対し契約不適合に基づく担保責任を追及するためには、当該不適合が売主の責めに帰すべき事由により生じたものであることを買主が証明しなければならない。
>
> 2) 　宅地建物取引業者が、自ら売主となる宅地または建物の売買契約において、目的物が種類・品質に関して契約の内容に適合しない場合、その不適合について買主が売主に通知すべき期間を引渡しの日から2年間とする特約を定めたときは、その特約は無効となる。
>
> 3) 　宅地建物取引業者は、宅地または建物の売買の媒介をするに際して、買主および売主の双方に対して、その売買契約が成立するまでの間に、売買の目的物に係る重要事項説明書を交付し、宅地建物取引士にその内容を説明させなければならない。
>
> 4) 　宅地建物取引業者が、自ら売主となる宅地または建物の売買契約において、手付金を受領した場合、その手付がいかなる性質のものであっても、宅地建物取引業者が契約の履行に着手するまでは、買主はその手付金を放棄して契約の解除をすることができる。

解答と解説

1) 　不適切。売主の契約不適合責任について、不適合が売主の責めに帰すべき事由であるかどうかにかかわらず、買主は、売主に対し担保責任を追及することができる。

2) 　不適切。宅地建物取引業者が、自ら売主となる宅地または建物の売買契約において、目的物が種類・品質に関して契約の内容に適合しない場合、その不適合について買主が売主に通知すべき期間を引渡しの日から2年（以上）とする特約を定めたときは、その特約は有効となる。それ以外で買主に不利な特約を定めることはできない。

3) 不適切。宅地建物取引業者は、宅地または建物の売買の媒介をするに際して、買主に対して、その売買契約が成立するまでの間に、売買の目的物に係る重要事項説明書を交付し、宅地建物取引士にその内容を説明させなければならない。売主に対して当該義務はない。

4) 適切。

正解 4

不動産に関する法令上の規制(1)

建築基準法における用途地域内の建築制限に関する次の記述のうち、最も不適切なものはどれか。

1) 第一種低層住居専用地域では、高等学校を建築することができる。

2) 第一種住居地域では、映画館を建築することができる。

3) 近隣商業地域では、カラオケボックスを建築することができる。

4) 工業地域では、共同住宅を建築することができる。

解答と解説

1) 適切。

2) 不適切。建築基準法上、劇場・映画館等は、特定行政庁が許可した場合を除き、第一種住居地域に建築することはできない。

3) 適切。

4) 適切。

正解 2

不動産に関する法令上の規制⑵

> **マンションの建替え等の円滑化に関する法律に関する次の記述のうち、最も適切なものはどれか。**
>
> 1) マンションが外壁の剥落より周辺に危害を生ずるおそれがあるものとして一定の基準に該当する場合であっても、マンションが地震に対する安全性に係る建築基準法の規定等に適合している場合は、特定要除却認定の申請をすることはできない。
>
> 2) 特定要除却認定を受けたマンションを含む団地の場合、団地建物所有者集会において、特定団地建物所有者および議決権の各5分の4以上の多数により、当該特定団地建物所有者の共有に属する団地内建物の敷地を分割する旨の決議をすることができる。
>
> 3) マンションおよびその敷地の売却決議に反対した区分所有者は、マンションおよびその敷地の売却を行う組合に対し、区分所有権および敷地利用権を時価で買い取るよう請求することができる。
>
> 4) 要除却認定マンションの建替えにより新たに建築されるマンションで、一定規模以上の敷地面積を有し、交通上、安全上、防火上および衛生上支障がなく、かつ、市街地の環境の整備・改善に資するものについては、特定行政庁の許可により建築基準法による建蔽率制限が緩和される。

解答と解説

1) 不適切。耐震性不足、火災安全性不足、外壁等剥落危険性のいずれかにより一定の基準に該当するマンションについては、建築基準法の規定等によらず、マンションの建替え等の円滑化に関する法律により、特定要除却認定の申請をすることができる。

2) 適切。

3) 不適切。マンションおよびその敷地の売却を行う組合は、売却決議に反対した区分所有者に対し、区分所有権および敷地利用権を時価で売り渡すよう請求することができる。

4) 不適切。要除却認定マンションの建替えにより新たに建築されるマンションは、一定の要件を満たすことで、特定行政庁の許可により容積率制限が緩和さ

れる。

正解 2

第5章
E

不動産

不動産の取引⑵

　Aさんは、2017年12月に父からの相続により借地権（借地借家法の定期借地権等ではない）と借地上の住宅を取得し、2022年12月に地主から、その借地権が設定されている土地の所有権（底地）を買い取った。下記の〈条件〉に基づき、Aさんの底地買取りに伴う不動産取得税の税額として、次のうち最も適切なものはどれか。なお、記載のない事項については考慮しないものとする。

〈条件〉
・底地の買取価額は3,000万円である。
・この土地の固定資産税評価額は4,000万円である。
・この土地の借地権割合は60％である。
・不動産取得税の税率は3％である。

1)　24万円
2)　45万円
3)　60万円
4)　90万円

解答と解説

借地権を取得した場合、借地権が設定されていた土地の固定資産税評価額を基に計算する。また、土地は、課税標準の特例により、土地の固定資産税評価額の2分の1が課税標準となる。税率は土地の取得の場合、3％である。

宅地に係る不動産取得税の額＝固定資産税評価額×$\dfrac{1}{2}$×税率

$$= 4,000万円 \times \frac{1}{2} \times 3\%（土地の標準税率（特例））$$

$$= 60万円$$

正解　3

不動産の取得・保有に係る税金

固定資産税に関する次の記述のうち、最も適切なものはどれか。

1) 固定資産税の納税義務者は、賦課期日（1月1日）に固定資産課税台帳に所有者として登録されている者であるが、年の途中で土地および建物の売買があった場合、当該土地および建物に課される固定資産税は、その所有日数に応じて日割りされ、売主が納付した固定資産税のうち、未経過分は還付される。

2) 「住宅用地に対する固定資産税の課税標準の特例」は、自己の居住用住宅の敷地である宅地に適用することができるものであり、賃貸アパート等の敷地である宅地には適用することはできない。

3) 2022年6月に購入した土地上に同年12月に住宅を新築し、同月中に入居した場合であっても、2023年1月1日現在において当該住宅の所有権の保存登記が未了であるときは、2023年度分の固定資産税において、当該土地は「住宅用地に対する固定資産税の課税標準の特例」を適用することはできない。

4) 2014年4月1日以前に建築され、2022年4月1日から2024年3月31日までの間に特定居住用部分に熱損失防止改修工事等をした一定の住宅に係る固定資産税は、所定の申告書を提出した場合、改修工事が完了した翌年度分に限り、原則として、住宅1戸当たり床面積120㎡までの部分に対する税額の3分の1相当額が減額される。

第
5
章

E

不動産

解答と解説

1) 不適切。賦課期日（1月1日）に固定資産課税台帳に所有者として登録されている者は、年の途中で土地および建物を売却した場合であっても、1年度分の納税義務を負う。

2) 不適切。本特例は、賃貸アパート等の敷地である宅地にも適用することができる。

3) 不適切。賦課期日（1月1日）現在、住宅の敷地として利用されている土地は、住宅の所有権の保存登記が未了であっても本特例の適用を受けることができる。

4) 適切。なお、熱損失防止改修工事とは、いわゆる省エネ改修工事のことである。

正解 **4**

不動産の譲渡に係る税金

居住者が土地・建物を譲渡した場合における譲渡所得の金額の計算上の取得費に関する次の記述のうち、最も不適切なものはどれか。

1) 土地とともに取得した当該土地上の建物の取壊し費用は、当初からその建物を取り壊して土地を利用することが目的であったと認められる場合、原則として、当該土地の譲渡所得の金額の計算上の取得費に算入する。

2) 一括して購入した一団の土地の一部を譲渡した場合、原則として、その一団の土地の取得価額に、譲渡した部分の面積がその一団の土地の面積のうちに占める割合を乗じて計算した金額を譲渡所得の金額の計算上の取得費とする。

3) 相続税を課された者が、当該相続により取得した土地を、相続開始のあった日の翌日から相続税の申告書の提出期限の翌日以後3年以内に譲渡した場合、相続税額のうち譲渡した土地に対応する分として計算した金額を譲渡所得の金額の計算上の取得費に加算することができる。

4) 自宅の建物（非事業用資産）を譲渡した場合、譲渡所得の金額の計算上、取得価額から控除する減価償却費相当額は、建物の耐用年数の旧定額法の償却率で求めた1年当たりの減価償却費相当額にその建物を取得してから譲渡するまでの経過年数を乗じて計算する。

第5章
E

不動産

解答と解説

1) 適切。

2) 適切。

3) 適切。

4) 不適切。非事業用資産である建物を譲渡した場合、譲渡所得の金額の計算上、取得価額から控除する減価償却費相当額は、建物の耐用年数の1.5倍の年数に対応する旧定額法の償却率で求めた1年当たりの減価償却費相当額にその建物を取得してから譲渡するまでの経過年数を乗じて計算する。

正解 4

不動産の証券化

> 　不動産の投資判断手法に関する次の記述のうち、最も不適切なものはどれか。
>
> 1)　DCF法は、連続する複数の期間に発生する純収益および復帰価格を、その発生時期に応じて現在価値に割り引いて、それぞれを合計して対象不動産の収益価格を求める手法である。
>
> 2)　NPV法は、対象不動産に対する投資額と現在価値に換算した対象不動産の収益価格を比較して投資判断を行う手法であり、NPVがゼロを上回る場合、その投資は投資適格であると判断することができる。
>
> 3)　IRR法は、対象不動産の内部収益率と対象不動産に対する投資家の期待収益率を比較して投資判断を行う手法であり、期待収益率が内部収益率を上回る場合、その投資は投資適格であると判断することができる。
>
> 4)　直接還元法は、一期間の純収益を還元利回りにより還元して対象不動産の収益価格を求める手法であり、一期間の純収益が1,000万円、還元利回りが5％である場合、収益価格は2億円となる。

解答と解説

1)　適切。

2)　適切。

3)　不適切。内部収益率は予測される収益率といえ、IRR法では、内部収益率が投資家の期待収益率を上回る場合、その投資は投資適格であると判断することができる。

4)　適切。直接還元法による収益価格＝一期間の純収益÷還元利回り

　　　　　　　　　　　　　＝1,000万円÷5％＝2億円

／ 正解　3

不動産の見方

> **地価公示法に関する次の記述のうち、最も不適切なものはどれか。**
>
> 1) 土地収用法等によって土地を収用することができる事業を行う者が、公示区域内の土地を当該事業の用に供するために取得する場合、当該土地の取得価格は公示価格を規準とする。
>
> 2) 不動産鑑定士が公示区域内の土地について鑑定評価を行う場合において、当該土地の正常な価格を求めるときは、公示価格を規準とする。
>
> 3) 標準地は、都市計画区域内から選定するものとされ、都市計画区域外や国土利用計画法の規定により指定された規制区域内からは選定されない。
>
> 4) 市町村長は、土地鑑定委員会が公示した標準地の価格等について、当該市町村が属する都道府県に存する標準地に係る部分を記載した書面および当該標準地の所在を表示する図面を当該市町村の事務所において一般の閲覧に供しなければならない。

解答と解説

1) 適切。規準とは、公示価格と評価対象とする土地の価格との間に均衡を保たせることをいう。

2) 適切。

3) 不適切。標準地は、国土利用計画法の規定により指定された規制区域内からは選定されないが、都市計画区域の内外を問わず選定される。

4) 適切。

正解 3

不動産の取引

　民法における不動産の賃貸借に関する次の記述のうち、最も適切なものはどれか。

1) 建物の賃貸借期間中に、賃借人から敷金を受け取っている賃貸人が建物を譲渡し、賃貸人たる地位が建物の譲受人に移転した場合、その敷金の返還に係る債務は建物の譲受人に承継される。

2) 建物の賃貸人に敷金を支払っている賃借人は、賃貸借期間中に未払賃料がある場合、賃貸人に対し、その敷金を未払賃料の弁済に充てるよう請求することができる。

3) 建物の賃借人から敷金を受け取っている賃貸人は、賃貸借が終了し、建物の返還を受ける前に、賃借人に対し、その敷金の額から未払賃料等の賃借人の賃貸人に対する債務額を控除した残額を返還しなければならない。

4) 建物の賃借人が、当該建物に通常の使用および収益によって損耗を生じさせた場合、賃貸借の終了時、賃借人は当該損耗を原状に復する義務を負う。

解答と解説

1) 適切。

2) 不適切。敷金から弁済を受けるのは賃貸人の権利であり、賃借人は、賃貸人に対し、敷金をその債務の弁済に充てることを請求することができない。

3) 不適切。建物の賃借人から敷金を受け取っている賃貸人は、賃貸借が終了し、かつ、建物の返還を受けたときは、賃借人に対し、その敷金の額から未払賃料等の賃借人の賃貸人に対する債務額を控除した残額を返還しなければならない。したがって、建物の返還を受ける前において、敷金を返還する必要はない。

4) 不適切。賃借人は、賃借物を受け取った後にこれに生じた損傷がある場合において、賃貸借が終了したときは、その損傷を原状に復する義務を負うが、通常の使用および収益によって生じた賃借物の損耗は除かれる。

正解 1

不動産に関する法令上の規制⑴

国土利用計画法第23条の届出（以下、「事後届出」という）に関する次の記述のうち、最も適切なものはどれか。なお、記載のない事項については考慮しないものとする。

1) 市街化区域内に所在する3,000㎡の土地の売買を行った場合、売主および買主は、その契約を締結した日から2週間以内に、共同して事後届出を行わなければならない。

2) 売主が、市街化調整区域内に所在する12,000㎡の一団の土地を8,000㎡と4,000㎡に分割し、それぞれの土地について、別の買主と売買契約を締結した場合、4,000㎡の土地については事後届出の対象とならない。

3) 都道府県知事は、事後届出に係る土地に関する権利移転等の対価の額が、当該土地の時価と著しく乖離しているときは、当該対価の額について修正すべきことを勧告することができる。

4) 都道府県知事は、事後届出に係る土地の利用目的について勧告を受けた買主が、その勧告に従わなかった場合には、その旨およびその勧告の内容を公表しなければならない。

解答と解説

1) 不適切。市街化区域内に所在する2,000㎡以上の一団の土地の売買を行った場合、買主は、その契約を締結した日から2週間以内に事後届出を行わなければならない。

2) 適切。事後届出は、買主などの権利取得者の取得した面積で判断する。市街化区域以外の都市計画区域内に所在する5,000㎡以上の一団の土地の売買を行った場合、事後届出が必要となるが、本肢の場合、4,000㎡の土地については買主が取得した土地の面積が5,000㎡未満であるため、事後届出の対象とならない。

3) 不適切。都道府県知事は、事後届出に係る土地に関する権利移転等の対価の額について勧告することはできない。勧告することができるのは、土地の利用目的の変更についてである。

4) 不適切。都道府県知事は、事後届出に係る土地の利用目的の変更について勧

告を受けた買主が、その勧告に従わなかった場合には、その旨およびその勧告の内容を公表することができる。

正解 2

不動産に関する法令上の規制(2)

> 　建物の区分所有等に関する法律に関する次の記述のうち、**最も不適切なも**
> **の**はどれか。
>
> 1) 　管理費が未払いのまま区分所有権の譲渡が行われた場合、管理組合は、買主に対して当該管理費を請求することができる。
> 2) 　専有部分が数人の共有に属するときは、共有者は、議決権を行使すべき者1人を定めなければならない。
> 3) 　敷地利用権が数人で有する所有権である場合、区分所有者は、規約に別段の定めがない限り、その有する専有部分とその専有部分に係る敷地利用権とを分離して処分することができない。
> 4) 　区分所有者の承諾を得て専有部分を占有する者は、会議の目的たる事項につき利害関係を有する場合には、集会に出席して議決権を行使することができる。

解答と解説

1) 　適切。

2) 　適切。

3) 　適切。

4) 　不適切。区分所有者の承諾を得て専有部分を占有する者は、会議の目的たる事項につき利害関係を有する場合には、集会に出席して意見を述べることはできる（占有者の意見陳述権は認められる）が、区分所有者ではないため、議決権を行使することはできない。

正解 **4**

不動産に関する法令上の規制(3)

都市計画法に関する次の記述のうち、最も不適切なものはどれか。

1) すべての都市計画区域内において、都市計画に市街化区域と市街化調整区域の区分（区域区分）を定めなければならない。

2) 市街化区域については用途地域を定め、市街化調整区域については、原則として用途地域を定めないものとされている。

3) 土地の区画形質の変更が、建築物の建築や特定工作物の建設の用に供することを目的としていない場合、開発行為に該当しない。

4) 開発許可を受けた開発区域内の土地においては、開発行為に関する工事完了の公告があるまでの間は、原則として、建築物を建築することができない。

解答と解説

1) 不適切。都市計画区域について無秩序な市街化を防止し、計画的な市街化を図るため必要があるときは、都市計画に市街化区域と市街化調整区域との区分（区域区分）を定めることができる。なお、一定の都市計画区域については区域区分を定めるものとされている。

2) 適切。

3) 適切。開発行為とは、主として建築物の建築または特定工作物の建設の用に供する目的で行なう土地の区画形質の変更をいう。

4) 適切。

正解 1

不動産の取得・保有に係る税金

> **固定資産税に関する次の記述のうち、最も不適切なものはどれか。**
>
> 1) 固定資産税の課税対象となるべき課税客体は、賦課期日において、市町村等に所在する土地、家屋および一定の事業用償却資産である。
>
> 2) 私道が公共の用に供する道路である場合、原則として、当該私道の土地は固定資産税が課されない。
>
> 3) 土地および家屋の固定資産税の課税標準は、地目の変換、家屋の改築または損壊等の特別の事情があり、基準年度の価格によることが不適当と市町村長が認める場合、基準年度の価格によらず、その土地等に類似する土地等の基準年度の価格に比準する価格とされる。
>
> 4) 居住用超高層建築物（高さ60m超、複数の階に住戸があるタワーマンション）の固定資産税額は、区分所有者ごとに居住用および居住用以外の専有部分の床面積の合計を階層別専有床面積補正率により補正して、全体に係る固定資産税額が各区分所有者に按分される。

解答と解説

1) 適切。なお、賦課期日は1月1日である。

2) 適切。

3) 適切。

4) 不適切。高さが60mを超える建築物のうち、複数の階に住戸が所在しているものを「居住用超高層建築物」と定義し、居住用超高層建築物の固定資産税額は、一棟全体の固定資産税額を各区分所有者に按分する際の専有部分の床面積の合計に階層別専有床面積補正率を反映することにより計算する。居住用以外の専有部分を含む居住用超高層建築物は、一棟全体の固定資産税額を、床面積によって居住用部分と非居住用部分に按分し、居住用部分の固定資産税額を各区分所有者に按分する場合に、この計算方法を適用する。

/正解 4

不動産の譲渡に係る税金

> 「低未利用土地等を譲渡した場合の長期譲渡所得の特別控除」（以下、「本特例」という）に関する次の記述のうち、最も不適切なものはどれか。
>
> 1) 都市計画区域内に所在する低未利用土地等を譲渡する場合、譲渡した年の1月1日において所有期間が5年を超えていなければ、本特例の適用を受けることはできない。
>
> 2) 本特例は、個人が低未利用土地等を譲渡した場合に適用を受けることができるが、法人が低未利用土地等を譲渡した場合は適用を受けることはできない。
>
> 3) 市街化区域内に所在する低未利用土地が譲渡され、その譲渡対価の額が600万円であった場合、本特例の適用を受けることはできない。
>
> 4) 低未利用土地が譲渡された後、その土地が露天のコインパーキングとして利用された場合、本特例の適用を受けることはできない。

解答と解説

1) 適切。

2) 適切。

3) 不適切。個人が都市計画区域内にある低未利用土地等を譲渡する場合、譲渡の後の当該低未利用土地等の利用について、市区町村長の確認がされ、譲渡の年の1月1日において所有期間が5年を超えるものの譲渡であり、低未利用土地等の譲渡の対価の額が500万円（市街化区域等にある低未利用土地等については800万円）を超えない場合、長期譲渡所得の100万円が特別控除される本特例の適用を受けることができる。

4) 適切。露天のコインパーキングとして利用された場合、低未利用土地が解消されたとは判断できないため、本特例の適用は受けることができない。

正解 3

不動産の証券化

　下記の〈条件〉に基づく不動産投資におけるDSCRとして、次のうち最も適切なものはどれか。なお、記載のない事項については考慮せず、計算結果は小数点以下第3位を四捨五入すること。

〈条件〉

| 投 資 物 件：賃貸マンション（RC造5階建て、築5年）
| 投　資　　額：4億円（資金調達：自己資金1億円、借入金額3億円）
| 賃 貸 収 入：年間2,500万円
| 運 営 費 用：年間800万円（借入金の支払利息は含まれていない）
| 借入金返済額：年間1,440万円（元利均等返済・金利1.5%、返済期間25年）

1) 0.85
2) 1.12
3) 1.18
4) 1.74

解答と解説

$$\text{DSCR（借入金償還余裕率）} = \frac{\text{年間純収益}}{\text{年間借入金元利返済額}}$$

$$= \frac{2,500\text{万円} - 800\text{万円}}{1,440\text{万円}} = 1.180\cdots \rightarrow 1.18$$

正解　3

不動産の見方

> 　2024年4月1日に施行される改正不動産登記法における相続等による所有権の移転の登記（以下、「相続登記」という）に関する次の記述のうち、最も不適切なものはどれか。
>
> 1)　相続によって不動産を取得した相続人は、自己のために相続の開始があったことを知り、かつ、その所有権を取得したことを知った日から3年以内に相続登記の申請をしなければならない。
> 2)　法定相続分に応じて相続登記がされた後に、遺産分割協議の成立により、当該相続分を超えて所有権を取得した者は、当該遺産の分割の日から3年以内に相続登記の申請をしなければならない。
> 3)　相続登記の申請の義務化は、2024年4月1日以後に相続の開始があった場合について適用され、2024年3月31日以前に相続の開始があった場合は適用されない。
> 4)　相続登記の申請をすべき義務がある者が正当な理由がなく申請をしない場合に対して、不動産登記法において罰則規定が設けられている。

解答と解説

1)　適切。

2)　適切。

3)　不適切。相続登記の申請の義務化は、2024年3月31日以前に相続の開始があった場合にも適用される。相続登記の義務化が施行される以前に相続した不動産においても、相続登記を完了させていない場合、改正法の施行日から3年以内に相続登記をしなければならない。

4)　適切。

正解　3

不動産の取引(1)

> 　不動産の売買契約上の留意点に関する次の記述のうち、**最も適切なもの**は**どれか。**
>
> 1)　未成年者が、法定代理人の同意を得ずに、親権者でない成年者を代理人として土地の売買契約を締結した場合、当該売買契約は取り消すことができない。
>
> 2)　共有名義の不動産について、各共有者は他の共有者の同意を得ずに自己の持分を共有者以外の者に売却することができる。
>
> 3)　代理権を有しない者が本人に代わって行った不動産の売買契約について、本人が追認する場合、別段の意思表示がない限り、当該売買契約の効力は追認をした時から将来に向かって生じる。
>
> 4)　個人が宅地建物取引業者から住宅を購入する場合、民法、宅地建物取引業法および消費者契約法の規定が競合するときは、民法の規定が優先して適用される。

解答と解説

1)　不適切。未成年者が法定代理人の同意を得ないでした法律行為は、取り消すことができる。親権者でない成年者を代理人として契約を締結した場合であっても、同様である。

2)　適切。

3)　不適切。いわゆる無権代理による売買契約について本人が追認した場合、別段の意思表示がないときは、契約時にさかのぼってその効力を生ずる。

4)　不適切。宅地建物取引業者に対しては、民法や消費者契約法の特別法である宅地建物取引業法が優先して適用される。

正解 **2**

不動産に関する法令上の規制(1)

> **建築基準法に関する次の記述のうち、最も適切なものはどれか。**
>
> 1) 建築基準法の改正により、現に存する建築物が改正後の建築基準法の規定に適合しない部分を有することになった場合、当該建築物は建築基準法上の違反建築物となる。
>
> 2) 建築基準法の集団規定が適用された際に、現に建築物が立ち並んでいる幅員4m未満の道で、特定行政庁が指定したものについては、建築基準法上の道路となり、その中心線からの水平距離で4m後退した線が当該道路の境界線とみなされる。
>
> 3) 建築物が防火地域および準防火地域にわたる場合において、当該建築物が防火地域外において防火壁で区画されているときは、その防火壁外の部分については、準防火地域内の建築物に関する規定が適用される。
>
> 4) 建築主は、建築確認の申請に対して建築主事または指定確認検査機関が行った処分に不服がある場合、都道府県知事に対して審査請求を行うことができる。

解答と解説

1) 不適切。建築基準法の改正により、既存建築物が建築基準法の規定に適合しない部分を有することになった場合、当該規定の適用からは除外となる。つまり、不適合な部分があっても、不適合な部分について新たな法令等は適用されないため違反建築物とはならず、いわゆる既存不適格建築物とされる。

2) 不適切。いわゆる2項道路については、建築基準法上の道路となり、原則としてその中心線からの水平距離で2m後退した線が当該道路の境界線とみなされる。

3) 適切。

4) 不適切。建築主は、建築確認の申請に対して建築主事または指定確認検査機関が行った処分に不服がある場合、市町村または都道府県の建築審査会に対して審査請求を行うことができる。

正解 3

不動産に関する法令上の規制(2)

　宅地造成及び特定盛土等規制法に関する次の記述のうち、最も不適切なものはどれか。

1) 宅地造成等工事規制区域内において、宅地以外の土地を宅地にするために切土をする土地の面積が600㎡で、切土部分に高さが1mの崖が生じることになる工事を行おうとする場合、原則として、都道府県知事等の許可を受けなければならない。

2) 宅地造成等工事規制区域として指定される区域は、宅地造成等に伴い災害が生ずるおそれが大きい区域のうち市街地の区域に限られ、これから市街地となろうとする土地の区域や集落の区域は指定されない。

3) 特定盛土等とは、宅地または農地等において行う盛土その他の土地の形質の変更で、当該宅地または農地等に隣接し、または近接する宅地において災害を発生させるおそれが大きい一定のものをいう。

4) 都道府県知事等は、宅地造成等工事規制区域内の土地について、宅地造成等に伴う災害の防止のため必要があると認める場合、その土地の所有者等に対し、擁壁の設置等の宅地造成等に伴う災害の防止のため必要な措置をとることを勧告することができる。

解答と解説

1) 適切。宅地造成等工事規制区域内では、2m超のガケを生ずる切土や、1m超のガケを生ずる盛土、切土と盛土を合わせて2m超のガケを生ずる工事などが規制の対象となるが、ガケの高さにかかわらず、造成面積が500㎡超の場合も規制の対象となる。

2) 不適切。宅地造成等工事規制区域として指定される区域は、宅地造成等に伴い災害が生ずるおそれが大きい区域のうち市街地の区域または市街地となろうとする土地の区域や集落の区域である。

3) 適切。

4) 適切。

正解　2

不動産の取得・保有に係る税金(1)

不動産取得税に関する次の記述のうち、最も適切なものはどれか。なお、記載のない事項については考慮しないものとする。

1) 被相続人の相続人以外の者が、被相続人の遺言による特定遺贈により土地を取得した場合、当該土地の取得には不動産取得税は課されない。

2) 宅地建物取引業者が分譲する2023年中に新築された住宅について、当該住宅が新築された日から10カ月を経過しても最初の使用または譲渡が行われない場合、宅地建物取引業者を取得者とみなして不動産取得税が課される。

3) 2023年中に宅地を取得した場合、不動産取得税の課税標準は当該宅地の固定資産税評価額の3分の1の額とされ、標準税率は3％とされる。

4) 2023年中に自己の居住用として床面積200㎡の認定長期優良住宅を新築した場合、不動産取得税の課税標準となるべき価格から最高で1,300万円が控除される。

解答と解説

1) 不適切。不動産取得税は、相続による取得の場合は課税されないが、相続人以外が特定遺贈により取得した場合には課税される。

2) 不適切。宅地建物取引業者が分譲する新築住宅について、当該住宅が新築された日から1年を経過しても最初の使用または譲渡が行われない場合、1年を経過した日を取得日とみなし、宅地建物取引業者を取得者とみなして不動産取得税が課される。1年以内に譲渡した場合は、宅地建物取引業者には課税されず、宅地建物取引業者から取得した者に課税される。

3) 不適切。宅地を取得した場合、不動産取得税の課税標準は当該宅地の固定資産税評価額の2分の1の額とされ、標準税率は3％とされる。

4) 適切。自己の居住用として床面積50㎡以上240㎡以下の認定長期優良住宅を新築した場合、不動産取得税の課税標準となるべき価格から最高で1,300万円が控除される。

正解 4

不動産の取得・保有に係る税金(2)

登録免許税に関する次の記述のうち、最も不適切なものはどれか。

1) 新築した住宅用家屋の所有権の保存登記に係る登録免許税について「住宅用家屋の所有権の保存登記の税率の軽減」の適用を受けるためには、登記申請書に所定の証明書を添付のうえ、当該家屋の新築後1年以内に登記を受ける必要がある。

2) 贈与により取得した住宅用家屋の所有権の移転登記に係る登録免許税については、所定の要件を満たせば、「住宅用家屋の所有権の移転登記の税率の軽減」による税率の軽減措置が適用される。

3) 住宅用家屋の新築をするための借入金を担保する抵当権の設定登記に係る登録免許税の税率は、原則として0.4%であるが、「住宅取得資金の貸付け等に係る抵当権の設定登記の税率の軽減」の適用を受けることにより、その税率が0.1%に軽減される。

4) 「住宅取得資金の貸付け等に係る抵当権の設定登記の税率の軽減」は、自己の居住の用に供する住宅用家屋の取得が対象となり、第三者への貸付の用に供する住宅用家屋の取得は対象とならない。

解答と解説

1) 適切。

2) 不適切。住宅用家屋の所有権の移転登記に係る登録免許税の税率の軽減税率が適用されるのは、売買または競落によるものに限られ、贈与により取得した場合の税率は2.0%（1,000分の20）である。

3) 適切。

4) 適切。

正解 **2**

不動産の譲渡に係る税金

　　土地収用法および収用等の場合の課税の特例に関する次の記述のうち、最も適切なものはどれか。なお、本問においては、「収用交換等の場合の譲渡所得等の特別控除」を特別控除の特例といい、「収用等に伴い代替資産を取得した場合の課税の特例」を課税繰延べの特例という。

1) 収用する土地の取得価格や収用する土地に対する補償金額の算定にあたっては、当該土地の相続税評価額が規準となる。

2) 土地の収用に伴う補償は、収用する土地および当該土地に関する所有権以外の権利に対する補償に限られ、営業上の損失や建物の移転による賃貸料の損失などの土地所有者が受ける損失は、補償の対象とされない。

3) 特別控除の特例の適用を受けるためには、公共事業施行者から最初に買取等の申出のあった日から6カ月以内に収用対象資産を譲渡しなければならない。

4) 課税繰延べの特例の適用を受けた場合、譲渡益のうち代替資産の取得価額の80%に相当する部分の金額に対する課税を将来に繰り延べることができる。

解答と解説

1) 不適切。土地の補償金額は、公示価格や近傍類似の取引価格等を考慮して算定した事業の認定の告示の時における相当な価格に、権利取得裁決の時までの物価の変動に応じた修正率を掛けた額となる。

2) 不適切。土地の収用に伴う補償の対象には、営業上の損失や建物の移転による賃貸料の損失などの土地所有者が受ける損失も含まれる。

3) 適切。

4) 不適切。課税繰延べの特例の適用を受けた場合、課税の繰延べ割合は100%である。

正解 3

不動産の取引(2)

　顧客のプランニングを実行するうえで専門家との協働が必要な場合において、ファイナンシャル・プランニング技能士が依頼する「不動産関連の業務」と「その業務に適した専門家」の組合せとして、次のうち最も適切なものはどれか。

1) 土地所有者の住所変更登記の申請＝行政書士
2) 筆界特定の手続＝不動産鑑定士
3) 地積更正登記の申請＝土地家屋調査士
4) 建築物の設計、工事監理＝管理業務主任者

解答と解説

1) 不適切。土地所有者の住所変更登記は、不動産の権利に関する登記であるため、専門家は司法書士である。

2) 不適切。筆界特定の申請の代理業務を行うことができるのは、土地家屋調査士、弁護士、簡易訴訟代理等関係業務を行うことにつき認定を受けた司法書士とされている。

3) 適切。地積更正登記は、不動産の表示に関する登記であるため、専門家は土地家屋調査士である。

4) 不適切。建築物の設計、工事監理に関する専門家は、建築士である。

正解 **3**

第5章 E

不動産

第 **6** 章

F

相続・事業承継

贈与と法律

> **贈与に関する次の記述のうち、最も不適切なものはどれか。**
>
> 1) 死因贈与は、民法における遺贈に関する規定が準用され、贈与者の一方的な意思表示により成立し、贈与者の死亡によってその効力を生じる。
>
> 2) 定期贈与は、贈与者または受贈者の死亡により、その効力を失う。
>
> 3) 負担付贈与とは、贈与契約締結の際に受贈者に一定の負担を課す贈与であり、受贈者の負担によって利益を受ける者は、贈与者以外の第三者や不特定多数の者とすることができる。
>
> 4) 負担付贈与により土地の贈与を受けた者は、贈与税額の計算上、原則として、当該土地の通常の取引価額に相当する金額から負担額を控除した金額を贈与により取得したものとされる。

解答と解説

1) 不適切。死因贈与契約は、その性質に反しない限り、民法における遺贈に関する規定が準用される。遺贈が遺言による一方的な意思表示であるのに対し、死因贈与契約は贈与者と受贈者の合意により成立し、贈与者の死亡によってその効力を生じる。

2) 適切。

3) 適切。

4) 適切。

正解　1

贈与と税金

> 　贈与税の課税財産等に関する次の記述のうち、**最も不適切なもの**はどれか。
> 1)　子が、父の所有する土地を借り受け、その土地上に子の居住用家屋を建て、父に対しては土地の公租公課に相当する金額のみを支払うことにした場合、原則として、父から子に借地権の贈与があったものとされる。
> 2)　非上場である同族会社に対して無償で財産が提供されたことにより、同族会社の株式の価額が増加した場合、当該同族会社の株主は、その増加した部分に相当する金額につき、当該財産を提供した者から贈与により取得したものとされる。
> 3)　債務者である子が資力を喪失して債務を弁済することが困難となり、子の父が当該債務を弁済した場合、弁済された金額は父からの贈与により取得したものとみなされるが、そのうち債務を弁済することが困難である部分の金額は、贈与により取得したものとされない。
> 4)　離婚により、夫が妻に居住用マンションを財産分与した場合、原則として、妻が取得した当該マンションは贈与により取得したものとされない。

解答と解説

1)　不適切。子が、父の所有する土地を借り受け、その土地上に子の居住用家屋を建て、父に対しては土地の公租公課に相当する金額のみを支払うことにした場合、使用貸借とされ、借地権が発生しないため、贈与税の課税対象とならない。
2)　適切。
3)　適切。
4)　適切。

正解　1

相続と税金(1)

> 　相続時精算課税制度に関する次の記述のうち、**最も適切なもの**はどれか。なお、記載のない事項については考慮しないものとする。
>
> 1) 　養親から相続時精算課税を適用して贈与を受けた養子が、養子縁組の解消により、その特定贈与者の養子でなくなった場合、養子縁組解消後にその特定贈与者であった者からの贈与により取得した財産については、相続時精算課税は適用されない。
>
> 2) 　相続時精算課税の特定贈与者の死亡前に相続時精算課税適用者が死亡し、特定贈与者がその相続時精算課税適用者の相続人である場合、当該特定贈与者は相続時精算課税適用者が有していた相続時精算課税の適用を受けていたことに伴う納税に係る権利または義務を承継しない。
>
> 3) 　受贈者が贈与者から贈与を受けた後、同一年中において受贈者が贈与者の養子となり相続時精算課税の適用を受ける場合、養子となる前の贈与者からの贈与財産は相続時精算課税の適用を受けることができる。
>
> 4) 　相続時精算課税の特定贈与者が死亡し、相続時精算課税適用者がその相続または遺贈により財産を取得しなかった場合、相続税額の計算上、その被相続人から相続時精算課税を適用して贈与を受けた財産の価額を相続税の課税価格に含める必要はない。

解答と解説

1) 　不適切。養子縁組解消後でも引き続き相続時精算課税が適用される。

2) 　適切。

3) 　不適切。養子となる前の贈与者からの贈与財産は相続時精算課税の適用を受けることはできない。養子縁組以後の贈与は、相続時精算課税の適用を受けることができる。

4) 　不適切。相続時精算課税適用者がその相続または遺贈により財産を取得しなかった場合であっても、相続税額の計算上、その被相続人から相続時精算課税を適用して贈与を受けた財産の価額を相続税の課税価格に含める（加算する）。

/ 正解 **2**

相続と法律(1)

　　相続の単純承認と限定承認に関する次の記述のうち、最も適切なものはどれか。

1)　相続人が、自己のために相続の開始があったことを知った時から3カ月以内に、相続の承認または放棄の意思表示をしないまま、相続財産である建物を契約期間1年で第三者に賃貸した場合、その相続人は単純承認したものとみなされる。

2)　限定承認をした場合、相続財産に譲渡所得の基因となる資産があるときは、被相続人がその財産を相続人に時価で譲渡したものとみなされるため、相続人が準確定申告をしなければならないことがある。

3)　限定承認は、共同相続人のうちに相続の放棄をした者がいる場合、その放棄者を含めた共同相続人の全員が共同して家庭裁判所にその旨の申述をしなければならない。

4)　限定承認の申述が受理された場合、限定承認者または相続財産管理人は、受理された日から所定の期間内に、すべての相続債権者および受遺者に対し、その債権の請求の申出をすべき旨を各別に催告しなければならない。

解答と解説

1)　不適切。相続財産である建物を契約期間3年超で第三者に賃貸した場合、その相続人は単純承認したものとみなされる。

2)　適切。

3)　不適切。限定承認は、放棄者を除いた共同相続人の全員が共同して家庭裁判所にその旨の申述をしなければならない。

4)　不適切。限定承認の申述が受理された場合、限定承認者または相続財産管理人は、受理された日から所定の期間内に、公告によってその債権の請求の申出をすべき旨を催告しなければならない。また、限定承認者は、知れている相続債権者および受遺者には各別にその申出の催告をしなければならない。

正解　2

第6章 F 相続・事業承継

157

相続と法律⑵

　　民法における特別受益に関する次の記述のうち、最も適切なものはどれか。

1) 被相続人の相続財産を相続人である子が相続する場合、被相続人が相続人でない孫に対して相続の開始前に贈与を行っていたときは、原則として、当該贈与は特別受益に該当する。

2) 共同相続人のなかに被相続人を被保険者とする生命保険の死亡保険金受取人がいる場合、原則として、当該死亡保険金は特別受益に該当する。

3) 共同相続人のなかに被相続人から居住用建物の贈与を受けた者がおり、相続開始の時において、受贈者の行為によって当該建物が滅失していた場合、当該建物は特別受益の持戻しの対象とはならない。

4) 婚姻期間が20年以上の夫婦において、夫が妻に対し、その居住用建物とその敷地を遺贈した場合、夫は、その遺贈について特別受益の持戻し免除の意思表示をしたものと推定される。

解答と解説

1) 不適切。被相続人が相続人でない者に対して相続の開始前に贈与を行っていたときは、当該贈与は特別受益に該当しない。

2) 不適切。共同相続人のなかに被相続人を被保険者とする生命保険の死亡保険金受取人がいる場合、原則として、当該死亡保険金は受取人固有の財産であり特別受益に該当しない。ただし、その他の共同相続人との間に生ずる不公平が著しいものであると評価すべき特段の事情がある場合には、死亡保険金は特別受益に準じて持戻しの対象となる。

3) 不適切。相続開始の時において、受贈者の行為によって特別受益の対象となる建物が滅失していた場合、当該建物が存在するものとみなして特別受益の持戻しの対象となる。

4) 適切。

正解 4

相続と税金(2)

> **相続税の税額控除に関する次の記述のうち、最も不適切なものはどれか。**
>
> 1) 在外財産に対する相続税額の控除（外国税額控除）による控除額は、外国の法令により課された相続税に相当する税額を、原則として、その納付すべき日における対顧客直物電信売相場（TTS）により邦貨に換算した金額となる。
>
> 2) 被相続人を特定贈与者とする相続時精算課税の適用を受けた相続人は、相続税額から相続時精算課税の適用を受けた財産に係る贈与税相当額を控除することができ、相続税額から控除しきれない場合は税額の還付を受けることができる。
>
> 3) 未成年者である相続人が、過去に未成年者控除の適用を受けたことがある場合、その者が2回目に受けることができる未成年者控除額は、「(18歳−相続開始時年齢)×10万円」の算式により計算した金額である。
>
> 4) 被相続人が当該相続の開始前10年以内に開始した相続により財産を取得していたときは、当該被相続人から相続により財産を取得した相続人は、相続税額から当該被相続人が納付した相続税額に所定の割合を乗じて得た金額を控除することができる。

解答と解説

1) 適切。

2) 適切。

3) 不適切。未成年者である相続人が、過去に未成年者控除の適用を受けたことがある場合、その者が2回目に受けることができる未成年者控除額は、「(18歳−相続開始時年齢)×10万円」の算式により計算した金額と、「{(18歳−前回の相続開始時の年齢)×10万円}−前回の未成年者控除額」の算式により計算した金額のいずれか少ない額となる。

4) 適切。これを、相次相続控除という。

正解 3

相続と税金(3)

個人が相続により取得した財産の相続税評価に関する次の記述のうち、最も不適切なものはどれか。

1) 金融商品取引所に上場されている利付公社債の価額は、原則として、課税時期の最終価格と源泉所得税相当額控除後の既経過利息の額との合計額によって評価する。

2) 金融商品取引所に上場されている不動産投資法人の投資証券の価額は、原則として、課税時期の最終価格、課税時期の属する月以前3カ月間の毎日の最終価格の各月ごとの平均額のうち最も低い価額によって評価する。

3) 家屋の附属設備等のうち、庭木、庭石、あずまや、庭池等の庭園設備の価額は、売買実例価額、精通者意見価格等を参酌して評価する。

4) 販売業者が有するもの以外の書画骨とう品の価額は、売買実例価額、精通者意見価格等を参酌して評価する。

解答と解説

1) 適切。

2) 適切。

3) 不適切。家屋の附属設備等のうち、庭木、庭石、あずまや、庭池等の庭園設備の価額は、その庭園設備の調達価額（課税時期においてその財産をその財産の現況により取得する場合の価額）の100分の70に相当する価額によって評価する。

4) 適切。

正解 3

相続財産の評価（不動産）

> 　財産評価基本通達上の宅地の評価における「地積規模の大きな宅地の評価」の規定（以下、「本規定」という）に関する次の記述のうち、最も不適切なものはどれか。
>
> 1) 　市街化調整区域に所在する宅地（一定の開発行為を行うことができる区域を除く）、工業専用地域に所在する宅地、指定容積率が400％（東京都の特別区では300％）以上の地域に所在する宅地は、地積規模にかかわらず、本規定の対象とならない。
>
> 2) 　倍率方式により評価する地域に所在する一定の要件を満たす宅地についても、本規定に準じて計算した価額により評価する。
>
> 3) 　宅地が指定容積率の異なる2以上の地域にわたる場合、規制の厳しい地域の指定容積率により本規定の適用の可否を判定する。
>
> 4) 　路線価地域では、普通商業・併用住宅地区および普通住宅地区に所在する宅地が本規定の対象となり、ビル街地区、高度商業地区、繁華街地区、中小工場地区、大工場地区に所在する宅地は本規定の対象とならない。

解答と解説

1) 　適切。

2) 　適切。

3) 　不適切。地積規模の大きな宅地の評価において、宅地が指定容積率の異なる2以上の地域にわたる場合、各地域の指定容積率に、その宅地の当該地域内にある各部分の面積の敷地面積に対する割合を乗じて得たものの合計により容積率を判定する。

4) 　適切。

正解 3

事業承継対策

> 「非上場株式等についての贈与税の納税猶予及び免除」（以下、「一般措置」という）および「非上場株式等についての贈与税の納税猶予及び免除の特例」（以下、「特例措置」という）に関する次の記述のうち、最も適切なものはどれか。
>
> 1) 適用を受けることができる受贈者の人数は、一般措置では1人、特例措置では最大4人である。
>
> 2) 事業の継続が困難な一定の事由が生じ、納税猶予に係る非上場株式等を譲渡した場合、一般措置では猶予税額の免除措置は設けられていないが、特例措置では譲渡対価の額等に基づき再計算した猶予税額の全額が免除され、従前の猶予税額との差額を納付しなければならない。
>
> 3) 雇用確保要件を満たさなかった場合、一般措置では、猶予税額の全額を納付しなければならないが、特例措置では、要件を満たさなかった理由等を記載した報告書を都道府県知事に提出し、その確認を受けることにより、猶予税額の50％相当額を納付し、残額の納税猶予は継続する。
>
> 4) 一般措置では、60歳以上の贈与者から18歳以上の推定相続人（直系卑属）へ贈与する場合、相続時精算課税を併用することができるが、特例措置では、60歳以上の贈与者から18歳以上の者への贈与であれば、推定相続人（直系卑属）または孫以外への贈与であっても、相続時精算課税を併用することができる。

解答と解説

1) 不適切。適用を受けることができる受贈者の人数は、一般措置では1人、特例措置では最大3人である。

2) 不適切。事業の継続が困難な一定の事由が生じ、納税猶予に係る非上場株式等を譲渡した場合、一般措置では、猶予税額の免除措置は設けられていないが、特例措置では、譲渡対価の額等に基づき税額等を再計算し、再計算した税額と直前配当等の金額との合計額が当初の納税猶予税額を下回る場合にはその差額が免除される。

3) 不適切。雇用確保要件を満たさなかった場合、一般措置では、猶予税額の全

額を納付しなければならないが、特例措置では、要件を満たさなかった理由等を記載した報告書を都道府県知事に提出し、その確認を受けることにより、猶予税額の全額について納税猶予は継続する。

4)　適切。

／正解　4

贈与と法律

　特定贈与信託契約（特定障害者扶養信託契約）に関する次の記述のうち、最も不適切なものはどれか。

1) 特定贈与信託契約では、委託者以外の1人の特定障害者を信託の利益の全部についての受益者としなければならない。

2) 特定贈与信託契約は、当該信託の期間および受益者を変更することはできないが、取り消すことまたは合意によって終了することはできる。

3) 特定贈与信託契約は、委託者が拠出する信託財産について、受益者が特別障害者の場合は6,000万円、特別障害者以外の特定障害者の場合は3,000万円を限度に贈与税が非課税とされる。

4) 身体障害者手帳に身体上の障害の程度が2級である者として記載されている者は、特定贈与信託契約の特別障害者に該当する。

解答と解説

1) 適切。

2) 不適切。特定贈与信託契約は、受益者である特定障害者の死亡日に終了することとされ、あらかじめ信託期間を定めることはできない。信託期間中の受益者の変更、契約の取消し、合意による終了（解約）もできない。

3) 適切。

4) 適切。身体障害者手帳に身体上の障害の程度が1級または2級である者として記載されている者は、特別障害者に該当する。その他に、重度の知的障害者、精神障害者保健福祉手帳に障害等級が1級である者として記載されている者なども該当する。

正解 **2**

贈与と税金

Aさん（29歳）は、事業資金として、2023年7月に母Bさん（60歳）から現金400万円の贈与を受け、同年9月に兄Cさん（35歳）から現金100万円の贈与を受けた。Aさんの2023年分の贈与税額として、次のうち最も適切なものはどれか。なお、いずれも贈与税の課税対象となり、暦年課税を選択するものとする。また、Aさんは2023年中にほかに贈与は受けていないものとする。

〈贈与税の速算表（一部抜粋）〉

基礎控除後の課税価格			特例贈与財産		一般贈与財産	
			税率	控除額	税率	控除額
万円超		万円以下				
	～	200	10%	—	10%	—
200	～	300	15%	10万円	15%	10万円
300	～	400	15%	10万円	20%	25万円
400	～	600	20%	30万円	30%	65万円

1) 33万5,000円

2) 38万8,000円

3) 48万5,000円

4) 49万4,000円

解答と解説

　母Bさんからの贈与財産は、18歳以上の者が直系尊属から贈与を受けているため特例贈与財産に該当し、兄Cさんからの贈与財産はそれ以外であるため一般贈与財産に該当する。

① 合計贈与価額：400万円＋100万円＝500万円

② 基礎控除後の課税価格：500万円－110万円＝390万円

③ 特例贈与税額（母からの贈与）：

$$（390万円 \times 15\% － 10万円）\times \frac{400万円}{500万円} ＝ 38万8,000円$$

④ 一般贈与税額（兄からの贈与）：

$$\left(390万円 \times 20\% - 25万円\right) \times \frac{100万円}{500万円} = 10万6,000円$$

⑤　贈与税額：③38万8,000円＋④10万6,000円＝49万4,000円

正解　4

F-12

相続と法律(1)

　養子に関する次の記述のうち、最も不適切なものはどれか。なお、本問においては、特別養子縁組以外の縁組による養子を普通養子といい、記載のない事項については考慮しないものとする。

1)　特別養子縁組は、特別養子適格の確認の審判と特別養子縁組の成立の審判により成立するが、特別養子適格の確認の審判の申立ては、児童相談所長が行わなければならず、養親となる者が申立てをすることはできない。

2)　特別養子の養親は、配偶者を有する者で、夫婦の一方が満25歳以上、かつ、夫婦のもう一方は満20歳以上でなければならないが、普通養子の養親は、満20歳以上であれば配偶者がいない者でもなることができる。

3)　普通養子は、養子縁組の日から養親の嫡出子としての身分を取得し、養親に対する相続権を有するとともに、実親との親族関係も継続するため、実親に対する相続権も有する。

4)　子を有する者を普通養子とした後、その普通養子が死亡した場合において、普通養子の死亡後に養親の相続が開始したときは、普通養子の子は、普通養子の相続権を代襲しない。

解答と解説

1)　不適切。特別養子適格の確認の審判の申立ては、養親となる者が特別養子縁組の成立の申立てと同時に行う。なお、特別養子適格の確認の審判の申立ては、児童相談所長が行うこともできる。

2)　適切。

3)　適切。

4)　適切。普通養子とした後に普通養子に子が生まれた場合のその子は、当該普通養子の相続権を代襲する。

正解　1

相続と法律⑵

　下記の〈条件〉に基づき、長男Bさんが、家庭裁判所の審判や調停を経ることなく、遺産分割前に単独で払戻しを請求することができる預貯金債権の上限額として、次のうち最も適切なものはどれか。なお、妻Aさんは、被相続人の相続開始前に死亡している。また、記載のない事項については考慮しないものとする。

〈条件〉

(1)　被相続人の親族関係図

被相続人 ══════ 妻Aさん
　　　　　　　　　　（既に死亡）

長男Bさん　　　　長女Cさん

(2)　被相続人の相続開始時の預貯金債権の額

　　　X銀行：普通預金600万円、定期預金1,500万円

　　　Y銀行：定期預金720万円

　　　※定期預金はいずれも満期が到来しているものとする。

1)　150万円
2)　270万円
3)　300万円
4)　470万円

解答と解説

　金融機関ごとに、相続開始時の預貯金債権の額（口座基準）の3分の1に相続人の法定相続分を乗じた額を、150万円を上限として払い戻すことができる。長男Bさんは、下記のようにX銀行から150万円、Y銀行から120万円を合計した270万円について単独で払戻しを請求することができる。

・X銀行：普通預金　$600万円 \times \dfrac{1}{3} \times \dfrac{1}{2}$ （法定相続分）$= 100万円$

　　　　　定期預金 $1,500万円 \times \dfrac{1}{3} \times \dfrac{1}{2}$ （法定相続分）$= 250万円$

100万円＋250万円＝350万円＞150万円（上限）　∴150万円

・Y銀行：720万円×$\frac{1}{3}$×$\frac{1}{2}$（法定相続分）＝120万円

正解 **2**

相続と税金(1)

相続税における課税財産および非課税財産に関する次の記述のうち、最も不適切なものはどれか。なお、記載のない事項については考慮しないものとする。

1) 死亡保険金受取人となっている相続人が相続の放棄をした場合、その者が受け取る死亡保険金については、死亡保険金の非課税金額の規定は適用されない。

2) 死亡保険金の非課税金額の規定を適用することによって相続税の課税価格の合計額が遺産に係る基礎控除額以下となる場合、相続税の申告書を提出する必要はない。

3) 相続開始の時において、まだ定期金給付事由が発生していない定期金給付契約（生命保険契約を除く）で被相続人が掛金の全部を負担し、被相続人以外の者が当該定期金給付契約の契約者である場合、当該契約に関する権利を当該契約者が相続または遺贈により取得したものとみなされる。

4) 被相続人が契約者（＝保険料負担者）および被保険者である生命保険において、死亡保険金の額から契約者貸付金の額が控除された保険金を相続人が受け取った場合、控除された契約者貸付金の額を当該保険金に加算した金額に相当する保険金を相続または遺贈により取得したものとみなされる。

解答と解説

1) 適切。相続の放棄をした者は初めから相続人ではなかったものとされるため、死亡保険金の非課税金額の規定は適用されない。

2) 適切。

3) 適切。

4) 不適切。被相続人が契約者（＝保険料負担者）および被保険者である生命保険において、死亡保険金の額から契約者貸付金の額が控除された保険金を相続人が受け取った場合、控除後の保険金を相続または遺贈により取得したものとみなされる。

正解 4

相続と税金(2)

　相続税の延納および物納に関する次の記述のうち、最も不適切なものはどれか。なお、記載のない事項については考慮しないものとする。

1) 相続財産のうち不動産等の価額が占める割合が50％以上であり、延納税額が90万円ある場合、延納税額の延納期間は、最長9年となる。

2) 延納の担保は、相続または遺贈により取得した財産に限られず、相続人の固有の財産や共同相続人または第三者が所有している財産であっても担保に提供することができる。

3) 相続税の延納の許可を受けた者が、その後の資力の変化等により物納に変更する場合、当該物納に係る財産の収納価額は、原則として、相続税の課税価格の計算の基礎となった当該財産の価額となる。

4) 共有物である不動産は、共有者全員が物納の許可の申請をする場合、物納に充てることができる。

解答と解説

1) 適切。相続財産のうち不動産等の価額が占める割合が50％以上であり、延納税額が150万円未満である場合の延納期間は、延納税額を10万円で除して得た数（1年未満切上げ）に相当する年数が限度となる。延納税額が90万円の場合の延納期間は「90万円÷10万円＝最長9年」となる。

2) 適切。

3) 不適切。相続税の延納の許可を受けた者が、その後の資力の変化等により物納に変更する場合（特定物納制度）、当該物納に係る財産の収納価額は、特定物納申請時の価額となる。

4) 適切。

正解 **3**

第6章 F 相続・事業承継

相続財産の評価（不動産以外）⑴

非上場会社であるX株式会社（以下、「X社」という）の同族関係者であるA〜Fの所有株式数等は、下記のとおりである。D、E、Fがそれぞれ中心的な同族株主に該当するか否かの判定に関する次の記述のうち、最も適切なものはどれか。なお、発行済株式総数は100株であり、X社株式はすべて議決権を有する普通株式である。

株　主	株主Aとの関係	X社における地位	所有株式数
A	本人	代表取締役社長	30株
B	妻	なし	5株
C	父	代表取締役会長	15株
D	弟	経理部長	15株
E	甥（Dの長男）	なし	5株
F	伯父	取締役営業部長	5株
G	―	従業員持株会	25株

1) D、E、Fは、いずれも中心的な同族株主に該当する。

2) DおよびEは中心的な同族株主に該当し、Fは中心的な同族株主に該当しない。

3) EおよびFは中心的な同族株主に該当し、Dは中心的な同族株主に該当しない。

4) DおよびFは中心的な同族株主に該当し、Eは中心的な同族株主に該当しない。

解答と解説

「本人、配偶者、直系血族、兄弟姉妹、一親等の姻族」で議決権割合が25％以上となる株主を「中心的な同族株主」という。

・Dは、中心的な同族株主に該当する。

Dからみて中心的な株主の判定に入る株主は、D本人（15株）、E（5株）、C（15株）、A（30株）の4人である。議決権割合の合計が65％（65株）となり、25％以上であるため、Dは中心的な同族株主となる。

・Eは、中心的な同族株主に該当する。

Eからみて中心的な株主の判定に入る株主は、E本人（5株）、D（15株）、C（15株）の3人である。議決権割合の合計が35％（35株）となり、25％以上であるため、Eは中心的な同族株主となる。

・Fは、中心的な同族株主に該当しない。

　　F（父の兄と仮定）からみて中心的な株主の判定に入る株主は、F本人（5株）、C（15株）の2人である。議決権割合の合計が20％（20株）となり、25％未満であるため、Fは中心的な同族株主とならない。

　　したがって、2）が適切。

正解　2

相続財産の評価（不動産以外）⑵

取引相場のない株式の評価方法における純資産価額方式に関する次の記述のうち、**最も不適切なもの**はどれか。

1) 1株当たりの純資産価額（相続税評価額）の計算上、課税時期の属する事業年度に係る法人税額や消費税額のうち、その事業年度開始の日から課税時期までの期間に対応する金額で未払いのものは負債として計上することはできない。

2) 1株当たりの純資産価額（相続税評価額）の計算上、評価会社の株式を所有する役員が死亡し、その相続人に支給した弔慰金で、みなし相続財産とならないものは、負債として計上することはできない。

3) 1株当たりの純資産価額（相続税評価額）の計算上、評価会社が所有する課税時期前3年以内に取得した土地の相続税評価額は、原則として、課税時期における通常の取引価額に相当する金額によって評価する。

4) 課税時期において評価会社が有する資産の合計額（相続税評価額）に占める株式等の価額の合計額（相続税評価額）の割合が50％以上である場合、同族株主が取得した当該会社の株式は、会社の規模にかかわらず、原則として純資産価額方式により評価する。

解答と解説

1) **不適切。**課税時期の属する事業年度に係る法人税額、消費税額、事業税額、都道府県民税額および市区町村民税額のうち、その事業年度開始の日から課税時期までの期間に対応する金額で未払いのものは負債として計上することができる。

2) **適切。**なお、評価会社の株式を所有する役員が死亡し、その相続人等に支給することが確定した死亡退職金は、負債として計上することができる。

3) **適切。**

4) **適切。**

正解 **1**

事業と経営

> すべての株式に譲渡制限のある会社（公開会社でない会社）における自己株式に関する次の記述のうち、最も不適切なものはどれか。
>
> 1) 会社が特定の株主との合意により当該会社の株式を有償で取得する場合、あらかじめ定時株主総会または臨時株主総会の特別決議が必要である。
> 2) 会社が当該会社の株式を取得する場合における分配可能額は、剰余金の額から自己株式の帳簿価額等を控除した金額の2分の1の金額である。
> 3) 会社が合併や会社分割などの組織再編を行う場合、所定の手続により、新たな株式の発行に代えて、自己株式を交付することができる。
> 4) 自己株式は、議決権その他の共益権を行使することはできず、剰余金の配当請求権もない。

解答と解説

1) 適切。
2) 不適切。会社が当該会社の株式（自己株式）を取得する場合、分配可能額の範囲内で取得することができる。分配可能額は、剰余金の額に一定の調整（増額・減額）を行うことで算出される。
3) 適切。
4) 適切。

正解 2

贈与と法律

> **贈与に関する次の記述のうち、最も適切なものはどれか。**
>
> 1) 死因贈与は、遺贈に関する規定が準用されるため、全文、日付、氏名を自書し、押印した書面によって契約しなければならない。
>
> 2) 遺言の内容と死因贈与の内容に矛盾する部分がある場合、遺贈が遺言による一方的な意思表示であるのに対し、死因贈与は贈与者と受贈者との合意によってなされる契約であるため、矛盾する部分は常に死因贈与の内容が優先される。
>
> 3) 負担付贈与とは、受贈者に一定の給付をなすべき義務を負わせる贈与であり、その受贈者の負担から利益を受ける者は贈与者に限られる。
>
> 4) 書面によらない贈与は、贈与者または受贈者が一方的に解除することができるが、履行が終了した部分については解除することはできない。

解答と解説

1) 不適切。死因贈与は、その性質に反しない限り遺贈に関する規定を準用するが、契約方法については準用されない。そのため、遺贈では遺言書等の書面が必要なのに対し、死因贈与は書面による必要がないという点で異なる。死因贈与は、書面によらなくても贈与者と受贈者の合意により成立する。

2) 不適切。遺言の内容と死因贈与の内容に矛盾する部分がある場合、作成された日付が新しいほうが優先される。

3) 不適切。負担付贈与において、受贈者の負担から利益を受ける者は贈与者以外の第三者でもよい。

4) 適切。

正解 **4**

相続と法律

成年後見制度に関する次の記述のうち、最も不適切なものはどれか。

1) 後見等開始の審判の請求を本人以外の者が行う場合、後見および保佐については本人の同意は不要であるが、補助については本人の同意が必要である。

2) 成年後見人は、成年被後見人が自ら行ったすべての法律行為について、取り消すことができる。

3) 被保佐人は、保佐人の同意またはこれに代わる許可を得ないで自ら行った不動産の売買について、取り消すことができる。

4) 家庭裁判所は、補助人の請求によって、被補助人のために特定の法律行為について補助人に代理権を付与する旨の審判をすることができる。

解答と解説

1) 適切。

2) 不適切。成年後見人は、被後見人が自ら行った日用品の購入その他日常生活に関する行為については、取り消すことができない。

3) 適切。

4) 適切。

正解 2

F-21

2024 年 1 月第 44 問

✓ Check! ☐☐☐

相続と税金⑴

　相続税における課税財産に関する次の記述のうち、最も不適切なものはどれか。なお、各選択肢において、相続人は日本国籍と国内住所を有する個人であり、記載のない事項については考慮しないものとする。

1) 被相続人が死亡し、被相続人に支給されるべきであった退職金の支給額が被相続人の死亡後３年以内に確定したが、３年経過した後に退職金が支給された場合、その退職金は相続税の課税対象とならない。

2) 被相続人が受け取るべきであった給与が、被相続人の死亡日から10日後に支給された場合、その給与は本来の相続財産として相続税の課税対象となる。

3) 被相続人が受け取るべきであった賞与の額が、被相続人の死亡日から２カ月後に確定して支給された場合、その賞与は本来の相続財産として相続税の課税対象となる。

4) 退職年金を受給している者の死亡により、その相続人が当該年金を継続して受給することとなった場合、当該年金の受給に関する権利は、その相続人が相続または遺贈により取得したものとみなされ相続税の課税対象となる。

解答と解説

1) 不適切。被相続人が死亡し、被相続人に支給されるべきであった退職金の支給額が被相続人の死亡後３年以内に確定した場合、退職金の支給時期が死亡後３年超であっても、その退職金はみなし相続財産として相続税の課税対象となる。

2) 適切。

3) 適切。

4) 適切。

正解　1

相続と税金(2)

相続税法上の債務控除に関する次の記述のうち、最も不適切なものはどれか。なお、各選択肢において、相続人は日本国籍と国内住所を有する個人であり、債務等は相続により財産を取得した相続人が負担したものとする。

1) 被相続人に係る固定資産税について、相続開始時点で納期限が到来していない未払いの金額は債務控除の対象となる。

2) 被相続人に係る住民税について、相続開始時点で納期限が到来していない未払いの金額は債務控除の対象となる。

3) 被相続人に係る所得税の確定申告において、相続人が所得税を過少に申告したために発生した不足分の所得税および加算税は債務控除の対象となるが、延滞税は債務控除の対象とならない。

4) 被相続人が生前に購入した墓碑の購入費で、相続開始時に未払いであったものは債務控除の対象とならない。

解答と解説

1) 適切。

2) 適切。

3) 不適切。不足分の所得税は債務控除の対象となるが、過少申告加算税や延滞税などの付帯税は債務控除の対象とならない。

4) 適切。

正解 3

相続・事業承継の最新の動向

> 　相続等により取得した土地所有権の国庫への帰属に関する法律（以下、「相続土地国庫帰属法」という）における土地の所有権を国庫に帰属させることについての承認申請に関する次の記述のうち、最も不適切なものはどれか。なお、記載のない事項については考慮しないものとする。
>
> 1)　承認申請に係る隣接する2筆以上の土地を管轄する法務局が2以上ある場合、そのいずれかに対して当該土地の承認申請をすればよい。
> 2)　相続により取得した土地が数人の共有に属する場合、共有者の全員が共同して行うときに限り承認申請をすることができる。
> 3)　相続土地国庫帰属法が施行された2023年4月27日前に相続により取得した土地は、承認申請をすることができない。
> 4)　建物がある土地は、承認申請をすることができない。

解答と解説

1)　適切。
2)　適切。
3)　不適切。相続土地国庫帰属法が施行された2023年4月27日前に相続により取得した土地についても、承認申請をすることができる。
4)　適切。

正解　3

相続財産の評価（不動産以外）(1)

2023年12月4日に死亡したAさんが所有していた上場企業であるX社の株式1,000株を相続により取得した場合、下記の〈上場株式Xの最終価格〉から算出されるX社の株式1,000株の相続税評価額として、次のうち最も適切なものはどれか。なお、記載のない事項については考慮しないものとする。

〈上場株式Xの最終価格〉

2023年12月4日の最終価格	457円
2023年12月の毎日の最終価格の月平均額	456円
2023年11月の毎日の最終価格の月平均額	460円
2023年10月の毎日の最終価格の月平均額	451円
2023年9月の毎日の最終価格の月平均額	448円
2023年8月の毎日の最終価格の月平均額	455円
2023年の毎日の最終価格の年平均額	449円
2022年の毎日の最終価格の年平均額	450円
2023年12月以前2年間の毎日の最終価格の平均額	453円

1) 44万9,000円
2) 45万円
3) 45万1,000円
4) 45万6,000円

解答と解説

上場株式は、次の4つの価額のうち最も低い価額で評価するため、「451円×1,000株＝45万1,000円」がX社株式の相続税評価額となる。

- 課税時期（12月4日）の最終価格…457円
- 課税時期の属する月（12月）の毎日の最終価格の月平均額…456円
- 課税時期の属する前月（11月）の毎日の最終価格の月平均額…460円
- 課税時期の属する前々月（10月）の毎日の最終価格の月平均額…451円

正解 **3**

相続財産の評価（不動産以外）(2)

　　取引相場のない株式の相続税評価に関する次の記述のうち、最も適切なものはどれか。

1) 純資産価額方式において、評価会社が課税時期前3年以内に取得した土地の価額は、原則として、課税時期における通常の取引価額に相当する金額によって評価する。

2) 類似業種比準方式において、直前期末を基準にして計算した3つの比準要素の金額がいずれもゼロである場合、原則として、直前々期末を基準にして計算した比準要素の金額により類似業種比準価額を算出する。

3) 同族株主がいる会社の株式を同族株主以外の株主が取得した場合、原則的評価方式により計算した金額によって評価することはできず、特例的評価方式である配当還元方式により計算した金額によって評価する。

4) 休業中であることにより特定の評価会社に該当する会社の株式を同族株主以外の株主が取得した場合、配当還元方式により計算した金額によって評価する。

解答と解説

1) 適切。

2) 不適切。類似業種比準方式において、直前期末を基準にして計算した3つの比準要素の金額がいずれもゼロである場合、同族株主等が取得した場合には純資産価額方式により評価する。

3) 不適切。同族株主がいる会社の株式を同族株主以外の株主が取得した場合、原則として特例的評価方式である配当還元方式により計算した金額によって評価するが、原則的評価方式のほうが低いときは、原則的評価方式により計算した金額によって評価することができる。

4) 不適切。休業中であることにより特定の評価会社に該当する会社の株式を同族株主以外の株主が取得した場合、配当還元方式により計算した金額によって評価することはできない。純資産価額方式により評価する。

正解 1

相続財産の評価（不動産）

普通住宅地区に所在する自用地である甲宅地（更地）の相続税評価額として、次のうち最も適切なものはどれか。なお、記載のない事項については考慮しないものとする。

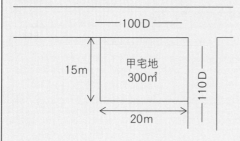

〈奥行価格補正率表（一部抜粋）〉

奥行距離(m)	地区区分	普通住宅地区
10以上　　12未満		
12 〃　　　14 〃		
14 〃　　　16 〃		1.00
16 〃　　　20 〃		
20 〃　　　24 〃		

〈側方路線影響加算率表（一部抜粋）〉

地区区分	加算率	
	角地の場合	準角地の場合
普通住宅地区	0.03	0.02

1) 3,066万円

2) 3,099万円

3) 3,360万円

4) 3,390万円

角地の自用地評価額：

　＝（正面路線価×奥行価格補正率＋側方路線価×奥行価格補正率×側方路線影

　　　響加算率）×地積

　＝（110千円$^{※1}$×1.00＋100千円×1.00×0.03$^{※2}$）×300㎡＝3,390万円

　※1　「路線価×奥行価格補正率」が高い方が正面路線となる。

　※2　T字路であるため、角地の場合に該当する。

正解　4

事業承継対策

> 中小企業における経営の承継の円滑化に関する法律による「遺留分に関する民法の特例」（以下、「本特例」という）に関する次の記述のうち、最も適切なものはどれか。
>
> 1) 本特例の対象となる後継者は、旧代表者の推定相続人のうち、旧代表者から贈与により非上場株式を取得したことにより特例中小会社の総株主の議決権の過半数を有し、かつ、合意時点において当該特例中小会社の代表者である者に限られる。
> 2) 後継者が旧代表者から贈与を受けた非上場株式について除外合意と固定合意の双方またはいずれか一方の合意をする場合、旧代表者の推定相続人全員で合意をし、公正証書によりその旨を定めた合意書を作成しなければならない。
> 3) 後継者が旧代表者から贈与を受けた非上場株式について固定合意をする場合、併せて、後継者が旧代表者から贈与を受けた非上場株式以外の財産について、遺留分を算定するための財産の価額に算入しない旨の定めをすることができる。
> 4) 本特例の合意は、後継者が合意をした日から1カ月以内に家庭裁判所の確認を申し立て、当該確認を受けた日から1カ月以内にした申請により、経済産業大臣の許可を受けることによって、その効力を生ずる。

解答と解説

1) 不適切。後継者は、旧代表者の推定相続人以外でもよい。
2) 不適切。本特例合意をする場合、推定相続人全員で合意して合意書を作成する必要があるが、公正証書である必要はない。
3) 適切。
4) 不適切。本特例の合意は、後継者が合意をした日から1カ月以内に経済産業大臣に申請をし、当該確認を受けた日から1カ月以内に先代経営者の住所地の家庭裁判所に申立てを行い、同裁判所の許可を受けることによって、その効力を生ずる。

正解 **3**

II

応用編

ライフプランニングと資金計画(1)

X株式会社（以下、「X社」という）に勤務するAさん（59歳）は、妻B
さん（55歳）との2人暮らしである。X社は、満60歳の定年制（60歳到達
月の末日が退職日）を採用し、再雇用制度が設けられているが、Aさんは、
定年退職して時間にゆとりを持てる会社に再就職するか、完全に引退するこ
とを考えている。

Aさんは、定年退職後の過ごし方を検討するために、雇用保険からの保険
給付や公的年金制度からの老齢給付について知りたいと思っている。

そこで、Aさんは、ファイナンシャル・プランナーのMさんに相談するこ
とにした。Aさんの家族に関する資料は、以下のとおりである。

〈Aさんの家族に関する資料〉

(1) Aさん（本人）

・1963年11月25日生まれ

・公的年金の加入歴

1983年11月から1986年3月までの大学生であった期間（29月）は国民
年金に任意加入し、保険料を納付している（付加保険料は納付していな
い）。

1986年4月から現在に至るまで厚生年金保険の被保険者である（厚生
年金基金の加入期間はない）。

・全国健康保険協会管掌健康保険の被保険者である。

・1986年4月から現在に至るまで雇用保険の一般被保険者である。

(2) Bさん（妻）

・1967年8月16日生まれ

・公的年金の加入歴

1987年8月から1990年3月までの大学生であった期間（32月）は国民
年金に任意加入していない。

1990年4月から現在に至るまで厚生年金保険の被保険者である（厚生
年金基金の加入期間はない）。

・全国健康保険協会管掌健康保険の被保険者である。

・1990年4月から現在に至るまで雇用保険の一般被保険者である。

※　妻Bさんは、Aさんと同居し、現在および将来においても、Aさんと生計維持関係にあるものとする。

※　Aさんと妻Bさんは、現在および将来においても、公的年金制度における障害等級に該当する障害の状態にないものとする。

※　上記以外の条件は考慮せず、各問に従うこと。

《問51》　Mさんは、Aさんに対して、雇用保険の基本手当と高年齢再就職給付金について説明した。Mさんが説明した以下の文章の空欄①～④に入る最も適切な数値を、解答用紙に記入しなさい。

　「AさんがX社を定年退職して再就職を希望する場合、公共職業安定所で求職の申込みを行って失業の認定を受けると、失業している日について基本手当を受給することができます。Aさんが基本手当を受給することができる日数（所定給付日数）は（　①　）日となり、その支給期間は、原則として離職日の翌日から1年間となります。

　また、Aさんが定年退職後、安定した職業に就いて雇用保険の一般被保険者となり、再就職した日の前日における基本手当の支給残日数が一定以上あり、再就職後の支給対象月に支払われた賃金額が、基本手当日額の算定の基礎となった賃金日額に30を乗じて得た額（以下、「基本手当日額算定時の賃金月額」という）の75％未満であるなどの要件を満たした場合、高年齢再就職給付金を受給することができます。

　高年齢再就職給付金の支給期間は、Aさんの場合、（　②　）年となります。支給額は、原則として、再就職後の支給対象月に支払われた賃金額が基本手当日額算定時の賃金月額の61％未満の場合、支給対象月の賃金額の（　③　）％相当額です。

　高年齢再就職給付金の支給申請は、再就職後の支給対象月の初日から（　④　）カ月以内に行う必要があります」

《問52》　Mさんは、Aさんに対して、雇用保険の再就職手当と就業促進定着手当について説明した。Mさんが説明した以下の文章の空欄①～⑥に入る最も適切な数値を、解答用紙に記入しなさい。なお、問題の性質上、明らかにできない部分は「□□□」で示してある。

　「Aさんが、定年退職後、（　①　）年を超えて引き続き雇用されることが

確実であると認められる安定した職業に就き、再就職した日の前日における基本手当の支給残日数が所定給付日数の3分の1以上あるなどの要件を満たした場合、再就職手当を受給することができます。ただし、同一の就職につき、再就職手当と高年齢再就職給付金の支給を受けることができる場合、どちらか一方を受給すると、もう一方については受給できなくなりますので、慎重に選択する必要があります。

再就職手当の支給額は、『基本手当日額×支給残日数×給付率』の式で算出されます。給付率は、再就職日前日における基本手当の支給残日数が所定給付日数の3分の2以上ある場合は（　②　）％となり、3分の1以上3分の2未満である場合は□□□％となります。

再就職手当の支給申請は、再就職した日の翌日から（　③　）カ月以内に行う必要があります。

また、再就職手当の支給に係る同一の事業主の事業所において、（　④　）カ月以上雇用され、再就職した日から（　④　）カ月間に支払われた賃金の1日分に相当する金額（以下、「みなし賃金日額」という）が、再就職手当の支給に係る離職前の賃金日額を下回ったときは、就業促進定着手当を受給することができます。

就業促進定着手当の支給額は、『（離職前の賃金日額－みなし賃金日額）×再就職後（　④　）カ月間における賃金の支払の基礎となった日数』の式で算出されますが、『基本手当日額×再就職日前日における支給残日数×（　⑤　）％（再就職手当の給付率が（　②　）％の場合は□□□％）』の式で算出された金額が限度となります。

就業促進定着手当の支給申請は、再就職した日から（　④　）カ月目に当たる日の翌日から（　⑥　）カ月以内に行う必要があります」

《問53》　Aさんが、X社を定年退職し、再就職せずに2023年12月に公的年金の老齢給付の繰上げ支給を請求した場合、繰上げ請求時におけるAさんの老齢給付について、次の①および②に答えなさい。〔計算過程〕を示し、〈答〉は円単位とすること。また、年金額の端数処理は、円未満を四捨五入すること。

なお、計算にあたっては、下記の〈条件〉に基づき、年金額は、2022年度価額に基づいて計算するものとする。

① 繰上げ支給の老齢基礎年金の年金額はいくらか。

② 繰上げ支給の老齢厚生年金の年金額（本来水準による価額）はいくらか。

〈条件〉

(1) 厚生年金保険の被保険者期間

・総報酬制導入前の被保険者期間：204月

・総報酬制導入後の被保険者期間：248月

(2) 平均標準報酬月額および平均標準報酬額

（2023年12月時点、2022年度再評価率による額）

・総報酬制導入前の平均標準報酬月額：36万円

・総報酬制導入後の平均標準報酬額　：58万円

(3) 報酬比例部分の給付乗率

・総報酬制導入前の乗率：1,000分の7.125

・総報酬制導入後の乗率：1,000分の5.481

(4) 経過的加算額

$$1,621円 \times \text{被保険者期間の月数} - \square\square\square円 \times \frac{\text{1961年4月以後で20歳以上60歳未満の厚生年金保険の被保険者期間の月数}}{480}$$

※「□□□」は、問題の性質上、伏せてある。

(5) 加給年金額

388,900円（要件を満たしている場合のみ加算すること）

解答と解説

《問51》

① 算定基礎期間（被保険者であった期間）が20年以上ある者が定年退職した場合、基本手当の所定給付日数は150日である。

② 再就職した日の前日における基本手当の支給残日数が100日以上200日未満の場合、高年齢再就職給付金の支給期間は1年となる。

正解 ①150 ②1 ③15 ④4

《問52》

正解 ①1 ②70 ③1 ④6 ⑤40 ⑥2

《問53》

① 繰上げ支給の老齢基礎年金の年金額

　60歳以降の厚生年金保険の被保険者期間（1月）は合算対象期間であり、老齢基礎年金の年金額には反映しない。また、1962年4月2日以降の者が繰上げ支給の請求を行う場合、繰上げ1カ月当たりの減額率は0.4％である。Aさんは、1963年11月25日生まれであるため、2023年12月に繰上げ支給を請求した場合、繰上げ月数は59月となる。

・本来の老齢基礎年金の年金額：$777,800 円 \times \dfrac{480 月}{480 月} = 777,800 円$

・繰上げにより減額される額　：$777,800 円 \times 0.004 \times 59 月 = 183,560.8 円$

　　　　　　　　　　　　　　　→183,561円（円未満四捨五入）

　∴　$777,800 円 - 183,561 円 = 594,239 円$

　なお、777,800円は2022年度価額であり、2024年度価額は816,000円（67歳以下の者の額）である。

② 繰上げ支給の老齢厚生年金の年金額

　経過的加算額の前半部分の被保険者期間は「204月＋248月＝452月」となるが、後半部分（老齢基礎年金相当額）の計算をする際は、20歳以上60歳未満の厚生年金保険の被保険者期間の月数を用いるため、「204月＋248月－1月＝451月」となる。□□□円は、老齢基礎年金の満額（777,800円）である。また、Aさんの厚生年金保険の被保険者期間は20年（240月）以上あり、生計維持関係にある65歳未満の妻Bさんがいるが、繰上げ支給の老齢厚生年金に加給年金額は加算されない（65歳から加算される）。

・報酬比例部分の額：

$360,000 円 \times \dfrac{7.125}{1,000} \times 204 月 + 580,000 円 \times \dfrac{5.481}{1,000} \times 248 月 = 1,311,647.04 円$

　　　　　　　　　　　　　　　→1,311,647円（円未満四捨五入）

・経過的加算額：

$1,621 円 \times 452 月 - 777,800 円 \times \dfrac{451 月}{480 月} = 1,884.0\cdots 円$

　　　　　　　　　　　　　　　→1,884円（円未満四捨五入）

・繰上げ支給により減額される額：

$$\left\{\left(360{,}000円\times\dfrac{7.125}{1{,}000}\times204月+580{,}000円\times\dfrac{5.481}{1{,}000}\times248月\right)+\left(1{,}621円\right.\right.$$

$$\left.\left.\times452月-777{,}800円\times\dfrac{451月}{480月}\right)\right\}\times0.004\times59月=309{,}993.3\cdots円$$

→309,993円（円未満四捨五入）

∴　1,311,647円＋1,884円－309,993円＝1,003,538円

なお、計算式中の1,621円、777,800円は2022年度価額であり、2024年度価額はそれぞれ1,701円、816,000円（いずれも67歳以下の者の額）である。

正解　①594,239円　②1,003,538円

A-2

ライフプランニングと資金計画⑵

　X株式会社（以下、「X社」という）に勤務するAさん（61歳）は、妻B さん（61歳）との2人暮らしである。X社は65歳定年制を採用しているが、最長で70歳まで同社で勤務することができる再雇用制度を設けている。A さんは、X社の再雇用制度を利用する予定であるが、再雇用後は賃金が低下するため、65歳から公的年金制度の老齢給付を受給したいと考えている。また、老齢年金の受給開始後に、物価が上昇すると老齢年金の実質的な受取額が減ってしまうのではないかと心配しており、年金額がどのように改定されるのかについて知りたいと考えている。

　そこで、Aさんは、ファイナンシャル・プランナーのMさんに相談することにした。Aさんの家族に関する資料は、以下のとおりである。

〈Aさんとその家族に関する資料〉

⑴　Aさん（本人）

　・1961年11月2日生まれ

　・公的年金の加入歴

　　1981年11月から1984年3月までの大学生であった期間（29月）は国民年金に任意加入していない。

　　1984年4月から現在に至るまで厚生年金保険の被保険者である（厚生年金基金の加入期間はない）。

　・全国健康保険協会管掌健康保険の被保険者である。

　・1984年4月から現在に至るまで雇用保険の一般被保険者である。

⑵　Bさん（妻）

　・1961年9月29日生まれ

　・公的年金の加入歴

　　1980年4月から1998年3月まで厚生年金保険の被保険者である（厚生年金基金の加入期間はない）。

　　1998年4月から60歳に達するまで国民年金の第3号被保険者である。

　・全国健康保険協会管掌健康保険の被扶養者である。

⑶　子（2人）

　・長男（32歳）と長女（30歳）がいるが、いずれも結婚して独立してい

る。

※　妻Bさんは、Aさんと同居し、現在および将来においても、Aさんと生計維持関係にあるものとする。

※　Aさんと妻Bさんは、現在および将来においても、公的年金制度における障害等級に該当する障害の状態にないものとする。

※　上記以外の条件は考慮せず、各問に従うこと。

《問51》　Mさんは、Aさんに対して、在職老齢年金と在職定時改定・退職改定について説明した。Mさんが説明した以下の文章の空欄①～⑥に入る最も適切な数値を、解答用紙に記入しなさい。なお、問題の性質上、明らかにできない部分は「□□□」で示してある。

〈在職老齢年金〉

I　「65歳以上の厚生年金保険の被保険者に支給される老齢厚生年金は、その受給権者の老齢厚生年金の報酬比例部分の額に基づく基本月額と総報酬月額相当額との合計額が（　①　）万円（支給停止調整額、2023年度価額）を超える場合、報酬比例部分の額の一部または全部が支給停止となります。総報酬月額相当額とは、受給権者である被保険者の標準報酬月額とその月以前の1年間の標準賞与額の総額を12で除して得た額との合計額です。

　標準報酬月額は、7月1日において厚生年金保険の被保険者である場合、原則として、定時決定で決まり、毎年□□□月から（　②　）月までの間に受けた報酬月額の平均を、厚生年金保険法の標準報酬月額等級表に当てはめて、その年の9月から翌年8月までの標準報酬月額とします。標準賞与額は、年3回以下で支給される賞与額の1,000円未満を切り捨てた金額です。厚生年金保険の標準賞与額の上限は、1月につき（　③　）万円です。

　老齢厚生年金は、その支給を繰り下げることによって年金額を増額することができ、Aさんが70歳到達月に繰下げ支給の申出をした場合の増額率は（　④　）％になります。ただし、繰下げ待機期間中に在職している場合、在職により支給停止される額は増額の対象となりません」

〈在職定時改定・退職改定〉

II　「65歳以上70歳未満の老齢厚生年金の受給権者が、基準日において厚生

年金保険の被保険者である場合、毎年の基準日が属する月前の被保険者期間を算入して年金額を再計算し、基準日の属する月の翌月である（　⑤　）月から年金額が改定されます。これを『在職定時改定』といいます。

　また、厚生年金保険の被保険者である受給権者が、退職により被保険者の資格を喪失し、かつ、被保険者とならずに被保険者の資格の喪失日から□□□月が経過した場合、その被保険者の資格を喪失した月前における被保険者であった期間を算入して年金額を再計算し、退職日から起算して（　⑥　）月を経過した日の属する月から年金額が改定されます。これを、『退職改定』といいます」

《問52》　Mさんは、Aさんに対して、公的年金の年金額の改定について説明した。Mさんが説明した以下の文章の空欄①～⑤に入る最も適切な語句または数値を、解答用紙に記入しなさい。なお、問題の性質上、明らかにできない部分は「□□□」で示してある。

　「公的年金の年金額は、賃金や物価の変動に応じて毎年度改定が行われます。原則として、年金額の改定にあたっては、新規裁定者である（　①　）歳到達年度前の受給権者の年金額は、名目手取り賃金変動率を基準として改定され、既裁定者である（　①　）歳到達年度以後の受給権者の年金額は、物価変動率を基準として改定されます。ただし、『名目手取り賃金変動率＜物価変動率』となる場合は、新規裁定者、既裁定者ともに（　②　）に基づいて改定されます。

　現在、賃金や物価に基づく改定率を更に調整し、緩やかに年金の給付水準を調整する『マクロ経済スライド』が適用されています。これにより、将来の年金受給者となる現役世代の過重な負担を減らし、年金の給付水準を確保することを目指しています。具体的には、『公的年金被保険者総数の変動率（当該年度の前々年度までの（　③　）年度平均）と平均余命の伸び率を勘案した率』を『スライド調整率』として年金改定に反映させています。

　なお、このマクロ経済スライドを適用することにより、年金額が前年度の年金額よりも低下する場合、年金額の改定は行われず、賃金や物価が下落した場合は、マクロ経済スライドによる調整は行われません。マクロ経済スライドが適用されなかった分は翌年度以降に繰り越され、マクロ経済スライド

未調整分となります。

　2023年度の年金額の改定に用いられる名目手取り賃金変動率は2.8％、物価変動率は2.5％でした。加えて、2023年度のマクロ経済スライドによる調整率が▲0.3％、2021年度・2022年度のマクロ経済スライド未調整分による調整率が▲0.3％であったことから、2023年度の年金額は、新規裁定者が（　④　）％、既裁定者が□□□％で改定されました。

　老齢基礎年金の年金額は、法定額である78万900円に国民年金の改定率を乗ずることで改定されます。老齢厚生年金の年金額は、厚生年金保険加入中の標準報酬月額、標準賞与額に乗じる（　⑤　）を改定することにより、年金額が改定されます」

《問53》　Aさんが、定年後もX社の再雇用制度を利用して厚生年金保険の被保険者として同社に勤務する場合、Aさんが原則として65歳時に受給することができる公的年金の老齢給付について、次の①および②に答えなさい。〔計算過程〕を示し、〈答〉は円単位とすること。また、年金額の端数処理は、円未満を四捨五入すること。

　なお、計算にあたっては、下記の〈条件〉に基づき、年金額は2023年度価額（新規裁定者）、在職老齢年金による支給調整は2023年度価額の支給停止調整額に基づいて計算するものとし、在職定時改定は考慮しないものとする。

①　老齢基礎年金の年金額はいくらか。

②　在職老齢年金による支給調整後の老齢厚生年金の年金額（本来水準による価額）はいくらか。

〈条件〉

(1)　厚生年金保険の被保険者期間（65歳到達時）

　・総報酬制導入前の被保険者期間：228月

　・総報酬制導入後の被保険者期間：283月

(2)　平均標準報酬月額および平均標準報酬額

　（65歳到達時、2023年度再評価率による額）

　・総報酬制導入前の平均標準報酬月額：326,000円

　・総報酬制導入後の平均標準報酬額　：487,000円

(3)　報酬比例部分の給付乗率

- 総報酬制導入前の乗率：1,000分の7.125
- 総報酬制導入後の乗率：1,000分の5.481

(4) 経過的加算額

$$1,657円 \times \frac{被保険者期間}{の月数} - \square\square\square円 \times \frac{\begin{array}{c}1961年4月以後で20歳以上\\60歳未満の厚生年金保険の\\被保険者期間の月数\end{array}}{480}$$

※ 「□□□」は、問題の性質上、伏せてある。

(5) 加給年金額

397,500円（要件を満たしている場合のみ加算すること）

(6) 総報酬月額相当額

380,000円

解答と解説

《問51》

① なお、①の支給停止調整額48万円は2023年度価額であり、2024年度価額は50万円である。

② 定時決定では、毎年4月から6月までの間に受けた報酬月額の平均を、厚生年金保険法の標準報酬月額等級表に当てはめて、その年の9月から翌年8月までの標準報酬月額とする。

④ 0.7％ × 60月 ＝ 42％

⑥ 退職により被保険者の資格を喪失し、喪失日から1月が経過した場合、退職日から起算して1月を経過した日の属する日から改定される。

| 正解 | ①48 ②6 ③150 ④42 ⑤10 ⑥1 |

《問52》

④ 2023年度の年金額は、新規裁定者が「2.8％ － 0.3％ － 0.3％ ＝ 2.2％」、既裁定者が「2.5％ － 0.3％ － 0.3％ ＝ 1.9％」で改定された。

なお、2024年度改定では、「名目手取り賃金変動率＜物価上昇率」であったため、新規裁定者、既裁定者とも名目手取り賃金変動率を基準として改定された。

⑤ 老齢厚生年金の年金額は、厚生年金保険加入期間中の標準報酬を平均して算出した平均標準報酬月額および平均標準報酬額を基に計算するが、その際、過去の標準報酬を現役世代の手取り賃金の変化率に応じて見直して平均する。こ

の計算に使用されるのが再評価率である。

正解　①68　②名目手取り賃金変動率　③3　④2.2　⑤再評価率

《問53》

① 老齢基礎年金の年金額

$$795,000 円 \times \frac{保険料納付済月数^※}{480 月}$$

$$= 795,000 円 \times \frac{451 月}{480 月} = 746,968.75 円$$

$$\rightarrow 746,969 円（円未満四捨五入）$$

※ 保険料納付済月数 ＝ 480 月（20 歳以上 60 歳未満）－ 29 月（未加入期間）

　　＝ 451 月

なお、795,000 円は 2023 年度価額であり、2024 年度価額は 816,000 円（67 歳以下の者の額）である。

② 在職老齢年金による支給調整後の老齢厚生年金の年金額

・報酬比例部分の額

$$326,000 円 \times \frac{7.125}{1,000} \times 228 月 + 487,000 円 \times \frac{5.481}{1,000} \times 283 月 = 1,284,983.901 円$$

$$\rightarrow 1,284,984 円（円未満四捨五入）$$

・在職老齢年金による支給調整後の報酬比例部分の額

$$（総報酬月額相当額＋基本月額^※－480,000 円）\times \frac{1}{2} \times 12$$

$$= （380,000 円 + 107,082 円 - 480,000 円）\times \frac{1}{2} \times 12 = 42,492 円$$

※ 基本月額：1,284,984 円 ÷ 12 = 107,082 円

1,284,984 円 － 42,492 円 ＝ 1,242,492 円

・経過的加算額

$$1,657 円 \times 480 月 - 795,000 円 \times \frac{451 月}{480 月} = 48,391.25 円$$

$$\rightarrow 48,391 円（円未満四捨五入）$$

∴　1,242,492 円 ＋ 48,391 円 ＝ 1,290,883 円

基本月額を計算する際の老齢厚生年金の額は、経過的加算額および加給年金額を除く。Aさんの厚生年金保険の被保険者期間は 511 月であるが、経過

的加算額の前半部分（定額部分）を計算する際は、上限480月となる。また、経過的加算額の後半部分（老齢基礎年金相当額）の計算をする際は、20歳以上60歳未満の厚生年金保険の被保険者期間の月数を用いるため、451月（480月－29月）となる。□□□円は、老齢基礎年金の満額である795,000円である。また、Ａさんの厚生年金保険の被保険者期間は20年（240月）以上あるが、生計維持関係にある妻Ｂさんはすでに65歳に達しているため、加給年金額（397,500円）は加算されない。

　なお、計算式中の480,000円、1,657円、795,000円および加給年金額397,500円は2023年度価額であり、2024年度価額はそれぞれ500,000円、1,701円（67歳以下の者の額）、816,000円（67歳以下の者の額）、408,100円である。

| 正解 | ①746,969円　②1,290,883円 |

ライフプランニングと資金計画(3)

　建設業を営むX株式会社（以下、「X社」という）の代表取締役社長であるAさん（35歳）は、妻Bさん（35歳）、長男Cさん（8歳）および二男Dさん（3歳）との4人暮らしである。Aさんは高校卒業後、建設会社に就職したが、3年前に個人事業主として独立し、昨年、X社を設立した。X社は従業員数7名の会社であり、Aさん自身も現場で作業に従事していることから、Aさんは、自身がケガ等により障害を負った際に、社会保険制度から受けることができる給付について知りたいと思っている。

　そこで、Aさんは、ファイナンシャル・プランナーのMさんに相談することにした。Aさんの家族に関する資料は、以下のとおりである。

〈Aさんの家族に関する資料〉

(1)　Aさん（本人）
・1988年11月17日生まれ
・公的年金の加入歴
　2007年4月から2021年3月までの期間（168月）は、厚生年金保険の被保険者である（過去に厚生年金基金の加入期間はない）。
　2021年4月から2022年12月までの期間（21月）は、国民年金の第1号被保険者として保険料を納付している。
　2023年1月から現在に至るまで厚生年金保険の被保険者である。
・全国健康保険協会管掌健康保険の被保険者である。

(2)　Bさん（妻）
・1988年7月6日生まれ
・公的年金の加入歴
　2007年4月から現在に至るまで厚生年金保険の被保険者である。
・全国健康保険協会管掌健康保険の被保険者である。
・2007年4月から現在に至るまで雇用保険の一般被保険者である。

(3)　Cさん（長男）
・2015年9月5日生まれ

(4)　Dさん（二男）
・2020年3月17日生まれ

※ 妻Bさん、長男Cさんおよび二男Dさんは、Aさんと同居し、Aさんによって生計を維持されているものとする。

※ 妻Bさん、長男Cさんおよび二男Dさんは、現在および将来においても、公的年金制度における障害等級に該当する障害の状態にないものとする。

※ 上記以外の条件は考慮せず、各問に従うこと。

《問51》 Mさんは、Aさんに対して、労働者災害補償保険（以下、「労災保険」という）について説明した。Mさんが説明した以下の文章の空欄①〜⑥に入る最も適切な語句または数値を、解答用紙に記入しなさい。なお、問題の性質上、明らかにできない部分は「□□□」で示してある。

〈特別加入〉

I 「労災保険の特別加入の対象となる中小事業主等は、業種ごとに定められた数以下の労働者を常時使用する個人事業主または法人の代表者等です。

中小事業主等が特別加入するには、使用する労働者について労災保険の保険関係が成立していること、労働保険の事務処理を（ ① ）に委託していること等の要件を満たし、申請書を所轄の労働基準監督署長を経由して所轄の（ ② ）に提出する必要があります。加入が承認されると、保険給付は、原則として、労働者と同様に行われます」

〈保険給付〉

II 「労災保険では、業務上の事由による傷病により療養を必要とするとき、社会復帰促進事業として設置された病院や（ ② ）の指定する病院等で、療養補償給付として療養の給付を受けることができます。

特別加入者は、業務上の事由による傷病の療養のため労働することができない日が（ ③ ）日以上となった場合、所定の手続により、（ ③ ）日目以降の休業した日について、休業補償給付および休業特別支給金の支給を受けることができます。その給付額は、原則として、休業1日につき、休業補償給付は休業給付基礎日額の（ ④ ）％相当額であり、休業特別支給金は休業給付基礎日額の20％相当額です。

療養開始後1年6カ月を経過した日以後において、傷病が治癒せず、当該傷病による障害の程度が労災保険の傷病等級1級から3級までのいずれかに該当する場合には、休業補償給付に代えて、（ ⑤ ）年金が支給さ

れます。

　傷病が治癒すると、療養補償給付や休業補償給付、（　⑤　）年金は支給されなくなりますが、治癒した時に、身体に障害があり、労災保険の障害等級1級から（　⑥　）級までのいずれかに該当する場合には障害補償年金が、障害等級□□□級から14級までのいずれかに該当する場合には障害補償一時金が支給されます」

《問52》　Mさんは、Aさんに対して、障害厚生年金および障害手当金について説明した。Mさんが説明した以下の文章の空欄①～⑤に入る最も適切な語句または数値を、解答用紙に記入しなさい。

「厚生年金保険の被保険者期間中に初診日のある傷病によって、障害認定日において厚生年金保険の障害等級1級から（　①　）級までのいずれかに該当する程度の障害の状態にあり、保険料納付要件を満たしている者は、障害厚生年金を請求することができます。

　障害認定日とは、初診日から（　②　）を経過した日、または（　②　）以内にその傷病が治った場合（症状が固定した場合）はその日のことです。保険料納付要件とは、『初診日の前日において初診日の属する月の前々月までに国民年金の被保険者期間があるときは、当該被保険者期間に係る保険料納付済期間と保険料免除期間とを合算した期間が当該被保険者期間の3分の2以上あること』または『初診日が2026年4月1日前にあり、当該初診日に65歳未満の者については、初診日の前日において初診日の属する月の前々月までの（　③　）年間のうちに保険料納付済期間および保険料免除期間以外の期間がないこと』です。

　初診日において保険料納付要件を満たした被保険者であって、障害認定日において障害等級1級から（　①　）級までのいずれかに該当する程度の障害の状態になかった者が、同日後（　④　）歳に達する日の前日までに、その傷病により障害等級1級から（　①　）級までのいずれかに該当する程度の障害の状態になった場合は、（　④　）歳に達する日の前日までに障害厚生年金の支給を請求することができます。

　なお、厚生年金保険の被保険者期間中に初診日のある傷病が初診日から（　⑤　）年以内に治り、治った日に障害厚生年金を受け取ることができる障害の程度より軽度の障害の状態にあり、保険料納付要件等を満たしている

者は、障害手当金を請求することができます。ただし、当該障害について労働者災害補償保険の障害補償給付等が受けられる場合、障害手当金は支給されません」

《問53》 仮に、Ａさんが労働者災害補償保険（以下、「労災保険」という）に特別加入しており、現時点（2024年1月28日）において業務災害により労働者災害補償保険法における障害等級1級の障害補償年金の受給権を取得し、かつ、公的年金制度における障害等級1級の障害厚生年金および障害基礎年金の受給権を取得した場合、Ａさんに係る障害給付について、次の①〜③に答えなさい。〔計算過程〕を示し、〈答〉は円単位とすること。また、年金額の端数処理は、円未満を四捨五入すること。

　なお、計算にあたっては、下記の〈条件〉および〈資料〉に基づき、年金額は、2023年度価額に基づいて計算するものとする。

① 障害基礎年金の年金額はいくらか。

② 障害厚生年金の年金額（本来水準による価額）はいくらか。

③ 障害補償年金の年金額はいくらか。なお、特別支給金は考慮しないものとする。

〈条件〉

(1) 厚生年金保険の被保険者期間

　・総報酬制導入後の被保険者期間：180月

(2) 平均標準報酬額（2023年度再評価率による額）

　・総報酬制導入後の平均標準報酬額：40万円

(3) 報酬比例部分の給付乗率

　・総報酬制導入前の乗率：1,000分の7.125

　・総報酬制導入後の乗率：1,000分の5.481

(4) 加給年金額（要件を満たしている場合のみ加算すること）

　22万8,700円

(5) 子の加算額（要件を満たしている場合のみ加算すること）

　1人目から□□□人目：22万8,700円

　□□□人目以降　　　：7万6,200円

　※ 「□□□」は、問題の性質上、伏せてある。

(6) 給付基礎日額

1万4,000円

〈資料〉労災保険と公的年金の調整率（一部抜粋）

公的年金 労災保険	障害厚生年金および 障害基礎年金	障害厚生年金	障害基礎年金
障害補償年金	0.73	0.83	0.88

解答と解説

《問51》

> | 正解 | ①労働保険事務組合　②都道府県労働局長　③4　④60 |
> | --- | --- |
> | | ⑤傷病補償　⑥7 |

《問52》

> | 正解 | ①3　②1年6カ月　③1　④65　⑤5 |
> | --- | --- |

《問53》

① 障害基礎年金の年金額

795,000円×1.25＋228,700円＋228,700円＝1,451,150円

　障害基礎年金1級の年金額は2級の年金額（795,000円）の1.25倍となり、子がいる場合、子の加算額が加算される。障害基礎年金の対象となる子とは、18歳到達年度末日までにある子であるため、長男Cさん（8歳）および二男Dさん（3歳）ともに該当し、子は2人となる。子の加算額は1人目・2人目は1人につき228,700円、3人目以降は1人につき76,200円となる。

　なお、795,000円、228,700円、76,200円は2023年度価額であり、2024年度価額はそれぞれ816,000円（67歳以下の者の額）、234,800円、78,300円である。

② 障害厚生年金の年金額

$$400,000円 \times \frac{5.481}{1,000} \times 300月 \times 1.25 + 228,700円 = 1,050,850円$$

　障害厚生年金1級の年金額は2級の年金額（報酬比例部分の年金額）の1.25倍となり、Aさんには生計を維持している65歳未満の妻Bさんがいるため、加給年金額（228,700円）が加算される。また、Aさんの厚生年金保険の被保険者期間は180月であるが、300月未満の場合は、300月とみなして計算する。なお、228,700円は2023年度価額であり、2024年度価額は

205

234,800円である。

③　障害補償年金の年金額

14,000円×313日×0.73 ＝ 3,198,860円

　　労災保険法の障害等級1級に該当する障害補償年金の年金額は、給付基礎日額の313日分となる。Aさんは、公的年金から障害厚生年金および障害基礎年金を同時に受給するため、障害補償年金は減額調整され、その調整率は0.73である。

> **正解**　①1,451,150円　②1,050,850円　③3,198,860円

　Aさん（40歳）は、上場株式への投資を始めるにあたって、株価チャートの見方や株価の価格水準の考え方等を理解したいと考えている。具体的には、X社の株式に興味を持っており、下記の〈X社の財務データ等〉や〈X社の株価の推移〉を参考にして投資判断をしたいと思っている。

　そこで、Aさんは、ファイナンシャル・プランナーのMさんに相談することにした。

〈X社の財務データ等〉　　　　　　　　　　　　（単位：百万円）

	2023年3月期
資　産　の　部　合　計	1,956,000
負　債　の　部　合　計	1,487,000
純　資　産　の　部　合　計	469,000
内訳　株　主　資　本　合　計	445,000
その他の包括利益累計額合計	9,000
新　株　予　約　権	1,000
非　支　配　株　主　持　分	14,000
売　　　　上　　　　高	2,425,000
売　上　総　利　益	421,000
営　業　利　益	83,000
営　業　外　収　益	22,000
営　業　外　費　用	42,000
経　常　利　益	63,000
親会社株主に帰属する当期純利益	54,000
配　当　金　総　額	18,000
発　行　済　株　式　総　数	600百万株

〈X社の株価の推移〉　　　　　　　　　　　　　（単位：円）

	1日目	2日目	3日目	4日目	5日目	6日目	7日目
始値	850	880	860	809	814	800	814
高値	867	882	886	844	822	806	817
安値	848	856	856	806	804	791	792
終値	864	863	885	843	817	792	800

〈日本国債の利回り〉			（単位：％）
期間	3 年	5 年	10 年
利回り	0.05	0.25	0.50

※　上記以外の条件は考慮せず、各問に従うこと。

《問54》　Mさんは、Aさんに対して、株価チャートについて説明した。M さんが説明した以下の文章の空欄①〜④に入る最も適切な語句または数値 を、解答用紙に記入しなさい。なお、問題の性質上、明らかにできない部分 は「□□□」で示してある。

〈ローソク足〉

I　「ローソク足は、一定の取引期間中の株価の値動き（始値、高値、安値、 終値）をローソクの形で表現したものです。1日の株価の値動きを1本の ローソク足で表したものを日足（ひあし）といい、1週間または1カ月で 表したものを、それぞれ週足（しゅうあし）、月足（つきあし）といいま す。

　　ローソク足は、始値よりも終値のほうが高い場合を陽線と呼び、始値よ りも終値のほうが低い場合を陰線と呼びます。一定の取引期間中に株価が 大きく動けば長いローソク足、小さく動けば短いローソク足が形成されま す。

　　始値と終値で囲まれた長方形から上に伸びた線のことを（　①　）と呼 び、下に伸びた線のことを□□□と呼びます。（　①　）は、上値で売り 圧力が強まった際に現れ、陰線では高値から（　②　）値まで、陽線では 高値から□□□までの差が線で示されます」

〈移動平均線〉

II　「株価チャートにおける移動平均線は、一定期間の株価の平均を算出し、 それを結んでグラフ化したもので、n日単純移動平均線は通常、n日分の 株価の（　③　）値の単純平均を用います。X社の株価の場合、6日目の 売買立会終了時の5日単純移動平均による株価は（　④　）円となりま す。

　　移動平均線は、株価の値動きを平滑化するので、値動きの方向性がわか りやすくなります。短期の移動平均線は、直近の値動きが反映されやす く、値動きの方向性の初動を探る場面で有用です。長期の移動平均線は、

株価の値動きに対してゆっくりと反応していきます。値動きの方向性がしっかりと出てから反応するため、短期的な値動きに振り回されることが少なくなるといったメリットがあります」

《問55》《設例》の〈X社の財務データ等〉に基づいて、MさんがAさんに対して説明した以下の文章の空欄①～④に入る最も適切な語句または数値を、解答用紙に記入しなさい。なお、（予想）配当金額は、実績値と同額と仮定するものとする。

I 「『配当割引モデル』とは、株式の内在価値は、将来受け取る配当額の現在価値の総和として計算されるという考え方で、毎年一定の配当額が支払われるという仮定をもとにした定額配当モデルや、毎年一定の割合で配当額が成長するという仮定をもとにした定率成長モデル等があります。

定額配当モデルでは、株式の1株当たりの内在価値は、1株当たり（予想）配当金額を期待（　①　）率で除して算出することができます。例えば、X社株式に対する期待（　①　）率が3.00％であり、今後、一定の金額の配当が支払われ続けるとすると、2023年3月期におけるX社株式の1株当たりの内在価値は、（　②　）円と計算されます。

また、定率成長モデルでは、定額配当モデルの算式を基に、期待成長率を加味して株式の内在価値を算出します。例えば、X社株式に対する期待（　①　）率が3.00％、期待成長率が1.50％であるとすると、2023年3月期におけるX社株式の1株当たりの内在価値は、（　③　）円と計算されます」

II 「株価収益率は、株価が割安か割高かを判断するための指標ですが、よく似た指標に、（　④　）があります。（　④　）は、通常、当期純利益に減価償却費を加えたものをキャッシュフローとして、株価を1株当たりキャッシュフローで除したものです。減価償却方法の異なる企業の比較が可能になるため、企業の国際比較を行う際によく用いられます」

《問56》《設例》の〈X社の財務データ等〉〈日本国債の利回り〉に基づいて、次の①および②に答えなさい。〔計算過程〕を示し、〈答〉は表示単位の小数点以下第3位を四捨五入し、小数点以下第2位までを解答すること。なお、イールド・スプレッドの計算は、日本国債の利回りから株式益回りを控

除することとし、X社の株価は800円とする。

① X社のサスティナブル成長率はいくらか。

② X社株式と日本国債のイールド・スプレッドはいくらか。

解答と解説

《問54》

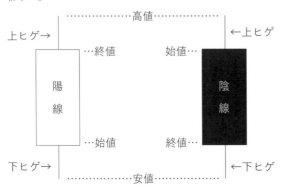

④ 5日単純移動平均による株価

$$= （863円＋885円＋843円＋817円＋792円）÷5＝840円$$

正解　①上ヒゲ　②始　③終　④840

《問55》

① 定額配当モデルによる株式の1株当たりの内在価値

$$= \frac{1株当たり（予想）配当金額}{期待利子率}$$

② X社の1株当たり（予想）配当金額＝18,000百万円÷600百万株＝30円

定額配当モデルによるX社株式の1株当たりの内在価値$= \frac{30円}{0.03} = 1,000円$

③ 定率成長モデルによるX社株式の1株当たりの内在価値

$$= \frac{1株当たり（予想）配当金額}{期待利子率－期待成長率} = \frac{30円}{0.03-0.015} = 2,000円$$

正解　①利子　②1,000　③2,000　④株価キャッシュフロー倍率

《問56》

① X社のサスティナブル成長率

サスティナブル成長率（％）＝ROE×（1－配当性向）

$$= \frac{当期純利益}{自己資本^{※}} \times 100 \times \left(1 - \frac{配当金総額}{当期純利益}\right)$$

※　自己資本＝純資産－新株予約権－非支配株主持分（または株主資本＋その他の包括利益累計額合計）

$$\therefore \left(\frac{54,000百万円}{469,000百万円 - 1,000百万円 - 14,000百万円} \times 100\right)$$

$$\times \left(1 - \frac{18,000百万円}{54,000百万円}\right) = 7.929\cdots\%$$

→ 7.93％（小数点以下第3位四捨五入）

②　X社株式と日本国債のイールド・スプレッド

・株式益回り（％）＝ $\dfrac{1株当たり当期純利益}{株価} \times 100$

$$= \frac{54,000百万円 \div 600百万円}{800円} \times 100 = 11.25\%$$

・イールド・スプレッド＝日本国債（10年国債）の利回り－株式益回り

$$= 0.50\% - 11.25\% = -10.75\%$$

| 正解 | ①7.93％　②－10.75％ |

金融資産運用⑵

　Aさん（46歳）は、これまで投資信託Yで資産運用を行ってきたが、余裕資金が生じたため、投資額を増やしたいと考えている。現在、X社株式（東京証券取引所上場銘柄）と投資信託Zに興味があり、下記の資料を参考にして、投資判断を行いたいと考えている。また、Aさんは、保有している投資信託の運用結果について、どのように評価すればよいのか知りたいと思っている。

　そこで、Aさんは、ファイナンシャル・プランナーのMさんに相談することにした。

〈X社の財務データ等〉　　　　　　　　（単位：百万円）

	2023年3月期
資　産　の　部　合　計	320,000
内　流　動　資　産	210,000
訳　固　定　資　産	110,000
負　債　の　部　合　計	66,000
内　流　動　負　債	49,000
訳　固　定　負　債	17,000
純　資　産　の　部　合　計	254,000
内　株　主　資　本　合　計	224,000
その他の包括利益累計額合計	14,000
訳　非　支　配　株　主　持　分	16,000
売　　　　　上　　　　　高	289,000
売　上　総　利　益	205,000
営　業　利　益	22,000
営　業　外　収　益	7,000
内　受　取　利　息	600
受　取　配　当　金	200
為　替　差　益	4,300
訳　そ　の　他	1,900
営　業　外　費　用	400

内訳	支　払　利　息	170
	そ　　の　　他	230
経　　常　　利　　益		28,600
親会社株主に帰属する当期純利益		19,000
配　当　金　総　額		15,000
発　行　済　株　式　総　数		60百万株

〈投資信託Y・投資信託Zの実績収益率・標準偏差・相関係数〉

	実績収益率	標準偏差	投資信託Yと投資信託Zの相関係数
投資信託Y	4.20%	12.50%	0.70
投資信託Z	7.00%	15.00%	

※　上記以外の条件は考慮せず、各問に従うこと。

《問54》《設例》の〈X社の財務データ等〉に基づいて、Mさんが、Aさん
に対して説明した以下の文章の空欄①～④に入る最も適切な語句または数値
を、解答用紙に記入しなさい。なお、計算結果は表示単位の小数点以下第3
位を四捨五入し、小数点以下第2位までを解答すること。また、問題の性質
上、明らかにできない部分は「□□□」で示してある。

〈固定比率、固定長期適合率〉

I 「X社の固定比率は□□□％、固定長期適合率は（　①　）％です。固
　定比率は100％以下が理想とされますが、固定長期適合率が100％以下で
　あれば、通常、財務の健全性において大きな問題があるとは考えません。
　なお、固定長期適合率が100％を大きく超えるようであれば、財務の健全
　性に問題があると判断しますが、設備投資額が大きい製造業などは、水準
　が高めになる傾向があります」

〈インタレスト・カバレッジ・レシオ〉

II 「X社のインタレスト・カバレッジ・レシオは（　②　）倍です。この
　数値が高いほど金利負担の支払能力が高く、財務に余裕があることを示し
　ますが、同業他社と比較することをお勧めします。また、単年の数値だけ
　ではなく、過去のトレンドを把握することで、財務体質が悪化しているか
　否かを判断することが大切です」

〈負債比率〉

III 「X社の負債比率は（　③　）％です。この数値が低いほど企業の安全

性は高くなり、負債比率が100％以下であれば、財務状態は良好と判断されます。負債比率が高いほど、（　④　）レバレッジが大きくなります。負債比率は業種によりその平均値が大きく異なっており、多額の設備投資が必要な業種では負債比率は高くなる傾向があります」

《問55》　Mさんは、Aさんに対して、投資信託のパフォーマンス評価および収益率について説明した。Mさんが説明した以下の文章の空欄①～⑥に入る最も適切な語句または数値を、解答用紙に記入しなさい。なお、計算結果は表示単位の小数点以下第3位を四捨五入し、小数点以下第2位までを解答すること。また、問題の性質上、明らかにできない部分は「□□□」で示してある。

〈パフォーマンス評価〉

Ⅰ　「主に国内株式を組み入れた投資信託の収益率が10％であるときに、東証株価指数（TOPIX）が15％上昇していた場合、その運用が必ずしも良好であったとはいえません。このように投資信託のパフォーマンス評価をする際に、比較対象となる指標を一般に（　①　）と呼びます。

　　投資信託のパフォーマンスは、単に収益率が高ければよいということではありません。高い収益率は、高いリスクをとった結果であるかもしれないからです。ポートフォリオ運用において、（　①　）の収益率とポートフォリオの収益率との乖離度合いは、トラッキングエラーで表されます。トラッキングエラーは、ポートフォリオの収益率と（　①　）の収益率との差（超過収益率）の（　②　）であり、この数値が大きいほど、ポートフォリオの収益率の変動が（　①　）の収益率から乖離していたことを表します。

　　リスク調整後収益率の1つである（　③　）・レシオは、ポートフォリオの収益率から安全資産利子率を差し引いた超過収益率を、ポートフォリオの収益率の（　②　）で除して求めます。また、（　④　）・レシオは、（　①　）の収益率に対するポートフォリオの超過収益率をトラッキングエラーで除したものにより、ポートフォリオの運用成果を評価する手法であり、主にアクティブ運用の成果を測る際に用いられます」

〈収益率〉

Ⅱ　「収益率の測定方法には、さまざまな概念がありますが、代表的なもの

として（　⑤　）加重収益率と□□□加重収益率があります。（　⑤　）加重収益率は、ポートフォリオへの資金の流入・流出を含めた収益率であるため、投資するタイミングの巧拙を含めたポートフォリオ全体のパフォーマンス評価に適しているといわれます。一方、□□□加重収益率は、ポートフォリオへの資金の流入・流出の影響を取り除いた収益率であるため、資金の流入・流出をコントロールできない投資信託等のファンドマネジャーのパフォーマンス評価に適しているといわれます。仮に、年初の時価総額が10億円である投資信託において、1年目の収益率（年率）が10％となり、1年目の年末に資金が5億円追加されて、2年目の収益率（年率）が12.5％であった場合、時間加重収益率（年率）は（　⑥　）％となります」

《問56》《設例》の〈投資信託Y・投資信託Zの実績収益率・標準偏差・相関係数〉に基づいて、次の①および②に答えなさい。〔計算過程〕を示し、〈答〉は表示単位の小数点以下第3位を四捨五入し、小数点以下第2位までを解答すること。
① 投資信託Yと投資信託Zの共分散はいくらか。
② 投資信託Yと投資信託Zを6：4の割合で組み入れたポートフォリオの標準偏差はいくらか。

解答と解説

《問54》

① 固定長期適合率（％）

$$= \frac{\text{固定資産}}{\text{自己資本※＋固定負債}} \times 100$$

$$= \frac{110,000\text{百万円}}{(254,000\text{百万円}-16,000\text{百万円})+17,000\text{百万円}} \times 100$$

$= 43.137\cdots\% \rightarrow 43.14\%$

※ 自己資本＝純資産－新株予約権－非支配株主持分（または株主資本＋その他の包括利益累計額合計）

② インタレスト・カバレッジ・レシオ（倍）

$$= \frac{事業利益^{※1}}{金融費用^{※2}} = \frac{22,000百万円 + 600百万円 + 200百万円}{170百万円}$$

$$= 134.117\cdots倍 \rightarrow 134.12倍$$

※1　事業利益＝営業利益＋受取利息および受取配当金＋有価証券利息＋持分法による投資利益（為替差益は、事業利益に含まない）

※2　金融費用＝支払利息および割引料＋社債利息

③　負債比率（％）$= \dfrac{負債（流動負債＋固定負債）}{自己資本} \times 100$

$$= \frac{66,000百万円}{254,000百万円 - 16,000百万円} \times 100$$

$$= 27.731\cdots\% \rightarrow 27.73\%$$

正解　①43.14　②134.12　③27.73　④財務

《問55》

③　シャープ・レシオ $= \dfrac{ポートフォリオの収益率 - 安全資産利子率}{ポートフォリオの標準偏差}$

④　インフォメーション・レシオ

$$= \frac{ポートフォリオの収益率 - ベンチマークの収益率}{トラッキングエラー}$$

⑥　測定期間が２年の場合の時間加重収益率（年率）

$$= \left(\sqrt[2年]{\frac{1年目の年末の時価総額}{年初の時価総額} \times \frac{2年目の年末の時価総額}{1年目の年末の時価総額 + 1年目の年末の資金追加額}} - 1 \right) \times 100$$

$$= \left(\sqrt[2年]{\frac{11億円}{10億円} \times \frac{18億円}{11億円 + 5億円}} - 1 \right) \times 100$$

$$= 11.242\cdots\% \rightarrow 11.24\%$$

※　1年目の年末の時価総額：10億円×（1＋10％）＝11億円

2年目の年末の時価総額：（11億円＋5億円）×（1＋12.5％）＝18億円

正解　①ベンチマーク　②標準偏差　③シャープ　④インフォメーション

⑤金額　⑥11.24

《問56》

①　投資信託Ｙと投資信託Ｚの共分散

$0.70 \times 12.50 \times 15.00 = 131.25$

　以下の相関係数の算式から、共分散は「YとZの相関係数×Yの標準偏差×Zの標準偏差」により求めることができる。

$$YとZの相関係数 = \frac{YとZの共分散}{Yの標準偏差 \times Zの標準偏差}$$

②　投資信託Yと投資信託Zを6：4の割合で組み入れたポートフォリオの標準偏差

　　分　　散：$0.6^2 \times 12.50^2 + 0.4^2 \times 15.00^2 + 2 \times 0.6 \times 0.4 \times 0.70 \times 12.50 \times 15.00 = 155.25$

　　標準偏差：$\sqrt{155.25} = 12.459\cdots\% \rightarrow 12.46\%$

　　ポートフォリオの分散（Y：Z＝0.6：0.4）：

　　Yの組入比率^2×Yの標準偏差^2＋Zの組入比率^2×Zの標準偏差^2＋2×Yの組入比率×Zの組入比率×YとZの相関係数×Yの標準偏差×Zの標準偏差

　　ポートフォリオの標準偏差：$\sqrt{分散}$

正解	①131.25　②12.46%

金融資産運用(3)

Aさん（35歳）は、東京証券取引所に上場している同業種のW社およびX社について、〈W社とX社の財務データ〉を参考に投資判断を行うつもりである。また、株価に大きな影響を与える金融政策や、保有している投資信託Yと投資信託Zについて、それぞれの値動きの相関関係を知りたいと思っている。

そこで、Aさんは、ファイナンシャル・プランナーのMさんに相談することにした。

〈W社とX社の財務データ〉 （単位：百万円）

	W社	X社
資　産　の　部　合　計	217,000	926,000
負　債　の　部　合　計	56,000	274,000
純　資　産　の　部　合　計	161,000	652,000
内訳　株　主　資　本　合　計	157,000	585,000
その他の包括利益累計額合計	4,000	66,000
非　支　配　株　主　持　分	0	1,000
売　　　　　上　　　　　高	126,000	990,000
売　上　総　利　益	74,000	369,000
営　業　利　益	51,000	116,000
営　業　外　収　益	850	11,700
内訳　受　取　利　息	400	1,200
受　取　配　当　金	20	1,500
為　替　差　益	300	5,000
そ　　　の　　　他	130	4,000
営　業　外　費　用	300	500
経　常　利　益	51,550	127,200
親会社株主に帰属する当期純利益	37,000	90,000

〈投資信託Yと投資信託Zの実績収益率・標準偏差・共分散〉

	実績収益率				標準偏差	共分散
	第1期	第2期	第3期	第4期		
投資信託Y	10.00%	12.00%	−4.00%	6.00%	＊＊＊	−12.00
投資信託Z	7.00%	4.00%	10.00%	7.00%	2.12%	

※ 「＊＊＊」は、問題の性質上、伏せてある。

※ 上記以外の条件は考慮せず、各問に従うこと。

《問54》 Mさんは、Aさんに対して、日本銀行の金融政策およびイールドカーブについて説明した。Mさんが説明した以下の文章の空欄①〜⑥に入る最も適切な語句または数値を、解答用紙に記入しなさい。なお、問題の性質上、明らかにできない部分は「□□□」で示してある。

〈日本銀行の金融政策〉

Ⅰ 「日本銀行の金融市場調節方針は、金融政策決定会合において、9名の政策委員会委員（総裁、2名の副総裁、6名の審議委員）によって決定されます。金融政策決定会合は、通常、年（　①　）回、2日間かけて開催されており、会合終了後、直ちに、当該会合における決定内容が公表され、政策変更がない場合も、その旨が公表されます。また、会合における『主な意見』を取りまとめたものは、原則として、会合の（　②　）営業日後に公表されます。

　　なお、金融政策決定会合には、（　③　）大臣および経済財政政策担当大臣（経済財政政策担当大臣が置かれていないときは、内閣総理大臣）等が、議決権を有しないものの、必要に応じて会合に出席し、意見を述べること、議案を提出すること、次回会合まで議決を延期することを求めることができます。

　　日本銀行は、金融市場調節方針のもと、日々、金融市場において資金の供給や吸収を行っています」

〈イールドカーブ〉

Ⅱ 「残存期間の短い債券の利回りよりも、残存期間の長い債券の利回りのほうが高く、イールドカーブが右上がりの曲線となる状態を、□□□といい、残存期間の短い債券の利回りよりも、残存期間の長い債券の利回りのほうが低く、イールドカーブが右下がりの曲線となる状態を、（　④　）

といいます。イールドカーブは、長短金利差が縮小すると、傾斜が小さくなって（　⑤　）化し、反対に長短金利差が拡大すると、傾斜が大きくなりスティープ化します。国債のイールドカーブが（　④　）になると、将来、景気後退に向かう可能性があると言われています。

イールドカーブが右上がりの曲線となる状態のときに、時間の経過とともに債券の利回りが下がり、価格が上昇することを（　⑥　）効果といいます。イールドカーブの右上がりの傾斜が大きくなればなるほど、（　⑥　）効果が高くなり、多くのキャピタルゲインを得ることが期待できます」

《問55》《設例》の〈W社とX社の財務データ〉に基づき、Mさんが、Aさんに対して説明した以下の文章の空欄①〜⑤に入る最も適切な語句または数値を、解答用紙に記入しなさい。なお、計算結果は表示単位の小数点以下第3位を四捨五入し、小数点以下第2位までを解答すること。また、問題の性質上、明らかにできない部分は「□□□」で示してある。

「企業の資本効率を測る指標である総資産利益率は、企業が総資産を用いてどれだけの利益を上げることができたのかを測る指標であり、決算短信では、分子を（　①　）とした総資産（　①　）率で表記されています。また、総資産利益率の分子が事業利益であるものを使用総資本事業利益率といい、事業利益は、（　②　）利益と受取利息・配当金を合計したものとされています。

株主としての投資効率を測る指標である自己資本利益率は、有価証券報告書では自己資本利益率と表記され、決算短信では自己資本当期純利益率と表記されています。前者は期末自己資本、後者は期首自己資本と期末自己資本の平均値を用いて算出します。

W社とX社を自己資本利益率で比較すると、W社の値は□□□％、X社の値は（　③　）％であり、W社の値のほうが上回っています。この結果について、両社の自己資本利益率を売上高当期純利益率、総資本回転率、財務レバレッジの3指標に分解して比較してみると、W社の総資本回転率は（　④　）回、財務レバレッジは（　⑤　）倍でX社の値を下回っていますが、W社の売上高当期純利益率は□□□％でX社の値を大きく上回っていることから、W社の収益性の高さが主たる要因と分析することができます」

《問56》 《設例》の〈投資信託Yと投資信託Zの実績収益率・標準偏差・共分散〉に基づいて、次の①および②に答えなさい。〔計算過程〕を示し、〈答〉は表示単位の小数点以下第3位を四捨五入し、小数点以下第2位までを解答すること。

① 投資信託Yの標準偏差はいくらか。

② 投資信託Yと投資信託Zの相関係数はいくらか。

解答と解説

《問54》

/正解/ ①8 ②6 ③財務 ④逆イールド ⑤フラット ⑥ロールダウン

《問55》

③ 自己資本利益率（％）＝ $\dfrac{当期純利益}{自己資本^{※}} \times 100$

※ 自己資本＝純資産－新株予約権－非支配株主持分（または株主資本＋その他の包括利益累計額合計）

X社の自己資本利益率： $\dfrac{90,000百万円}{652,000百万円 － 1,000百万円} \times 100$

$= 13.824\cdots\% \to 13.82\%$

④ 総資本回転率（回）＝ $\dfrac{売上高}{総資産}$

W社の総資本回転率： $\dfrac{126,000百万円}{217,000百万円} = 0.580\cdots回 \to 0.58回$

⑤ 財務レバレッジ（倍）＝ $\dfrac{総資産}{自己資本}$

W社の財務レバレッジ： $\dfrac{217,000百万円}{161,000百万円} = 1.347\cdots倍 \to 1.35倍$

/正解/ ①経常利益 ②営業 ③13.82 ④0.58 ⑤1.35

《問56》

① 投資信託Yの標準偏差

平均収益率： $\dfrac{1}{4} \times （10.00\% ＋ 12.00\% － 4.00\% ＋ 6.00\%）＝ 6.00\%$

分散：$\dfrac{1}{4} \times \{(10.00\% - 6.00\%)^2 + (12.00\% - 6.00\%)^2$

$+ (-4.00\% - 6.00\%)^2 + (6.00\% - 6.00\%)^2\} = 38$

標準偏差：$\sqrt{分散} = \sqrt{38} = 6.164\cdots\% \to 6.16\%$

② 投資信託 Y と投資信託 Z の相関係数

Y と Z の相関係数：$\dfrac{Y \text{と} Z \text{の共分散}}{Y \text{の標準偏差} \times Z \text{の標準偏差}} = \dfrac{-12.00}{6.16 \times 2.12}$

$= -0.918 \to -0.92$

<u>正解</u> ① 6.16%　② −0.92

タックスプランニング⑴

応用編
D

タックスプランニング

　サービス業を営むＸ株式会社（資本金10,000千円、青色申告法人、同族会社かつ非上場会社で株主はすべて個人、租税特別措置法上の中小企業者等に該当し、適用除外事業者ではない。以下、「Ｘ社」という）の2023年3月期（2022年4月1日〜2023年3月31日。以下、「当期」という）における法人税の確定申告に係る資料は、以下のとおりである。

〈Ｘ社の当期における法人税の確定申告に係る資料〉

1．役員給与に関する事項

　　当期において役員の所有する土地・建物を37,000千円で取得し、Ｘ社の所有する車両を1,000千円で同じ役員に譲渡した。この土地・建物の時価は25,000千円、車両の時価は3,000千円である。なお、Ｘ社は所轄税務署長に対して事前確定届出給与に関する届出書は提出していない。

2．交際費等に関する事項

　　当期における交際費等の金額は17,750千円で、全額を損金経理により支出している。このうち、参加者1人当たり5千円以下の飲食費が150千円含まれており、その飲食費を除いた接待飲食費が16,200千円含まれている（いずれも得意先との会食によるもので、専ら社内の者同士で行うものは含まれておらず、所定の事項を記載した書類も保存されている）。その他のものは、すべて税法上の交際費等に該当する。

3．退職給付引当金に関する事項

　　当期において従業員の退職金制度の一部として外部の企業年金基金に掛金として2,900千円を支払い、その際に退職給付引当金を同額取り崩している。また、決算時に退職給付費用5,000千円を損金経理するとともに、同額を退職給付引当金として負債に計上している。さらに、従業員の退職金の支払の際に退職給付引当金を3,000千円取り崩し、Ｘ社から同額を現金で支払っている。

4．税額控除に関する事項

　　当期における「中小企業者等が特定経営力向上設備等を取得した場合の法人税額の特別控除」に係る税額控除額が500千円ある。

5．「法人税、住民税及び事業税」等に関する事項

(1) 損益計算書に表示されている「法人税、住民税及び事業税」は、預金の利子について源泉徴収された所得税額50千円・復興特別所得税額1,050円および当期確定申告分の見積納税額9,000千円の合計額9,051,050円である。なお、貸借対照表に表示されている「未払法人税等」の金額は9,000千円である。

(2) 当期中に「未払法人税等」を取り崩して納付した前期確定申告分の事業税（特別法人事業税を含む）は1,270千円である。

(3) 源泉徴収された所得税額および復興特別所得税額は、当期の法人税額から控除することを選択する。

(4) 中間申告および中間納税については、考慮しないものとする。

※　上記以外の条件は考慮せず、各問に従うこと。

《問57》 《設例》のX社の当期の〈資料〉と下記の〈条件〉に基づき、同社に係る〈略式別表四（所得の金額の計算に関する明細書）〉の空欄①〜⑦に入る最も適切な数値を、解答用紙に記入しなさい。なお、別表中の「＊＊＊」は、問題の性質上、伏せてある。

〈条件〉

・設例に示されている数値等以外の事項については考慮しないものとする。

・所得の金額の計算上、選択すべき複数の方法がある場合は、所得の金額が最も低くなる方法を選択すること。

〈略式別表四（所得の金額の計算に関する明細書）〉 　　　　　　（単位：円）

区　　　分		総　　額
当期利益の額		5,618,950
加算	損金経理をした納税充当金	（　①　）
	役員給与の損金不算入額	（　②　）
	交際費等の損金不算入額	（　③　）
	退職給付費用の損金不算入額	（　④　）
	小　　計	＊＊＊
減算	納税充当金から支出した事業税等の金額	1,270,000
	退職給付引当金の当期認容額	（　⑤　）
	小　　計	＊＊＊
仮　　計		＊＊＊

法人税額から控除される所得税額（注）	（　⑥　）
合　計	＊＊＊
欠損金又は災害損失金等の当期控除額	0
所得金額又は欠損金額	（　⑦　）

（注）　法人税額から控除される復興特別所得税額を含む。

《問58》　前問《問57》を踏まえ、Ｘ社が当期の確定申告により納付すべき法人税額を求めなさい。〔計算過程〕を示し、〈答〉は100円未満を切り捨てて円単位とすること。

〈資料〉普通法人における法人税の税率表

	課税所得金額の区分	税率 2022年4月1日以後 開始事業年度
資本金または出資金 100,000千円超の法人 および一定の法人	所得金額	23.2％
その他の法人	年8,000千円以下の所得 金額からなる部分の金額	15％
	年8,000千円超の所得金額 からなる部分の金額	23.2％

《問59》　法人税の申告に関する以下の文章の空欄①～⑥に入る最も適切な語句または数値を、解答用紙に記入しなさい。なお、問題の性質上、明らかにできない部分は「□□□」で示してある。

　「法人税の申告には中間申告と確定申告があります。事業年度が（　①　）カ月を超える普通法人は、所轄税務署長に対し、原則として、事業年度開始の日以後□□□カ月を経過した日から2カ月以内に中間申告書を提出し、事業年度終了の日の翌日から2カ月以内に確定申告書を提出しなければなりません。

　中間申告には、前事業年度の確定法人税額を前事業年度の月数で除した値に□□□を乗じて算出した金額を税額として申告する予定申告と、当該事業年度開始の日以後□□□カ月の期間を一事業年度とみなして仮決算を行い、それに基づいて申告する方法があります。ただし、原則として、仮決算によ

る中間申告税額が予定申告税額を超える場合や、前年度実績による予定申告税額が（　②　）万円以下である場合には、仮決算による中間申告をすることはできません。

　なお、納付すべき法人税額がない場合であっても、確定申告書の提出は必要です。また、事業年度開始時における資本金の額等が（　③　）億円を超える内国法人は、原則として、中間申告書および確定申告書をe-Tax（国税電子申告・納税システム）で提出しなければなりません。

　確定申告書を法定申告期限までに提出せず、期限後申告や税務調査後に決定があった場合は、原則として、納付すべき税額の（　④　）％（50万円を超える部分は□□％を加算）の無申告加算税が課されます。ただし、法定申告期限から1カ月を経過する日までに確定申告書が提出され、かつ、納付税額の全額が法定申告期限から1カ月以内に納付されているなど、期限内申告をする意思があったと認められる場合は、無申告加算税は課されません。また、（　⑤　）事業年度連続して提出期限内に確定申告書の提出がない場合は、青色申告の承認の取消しの対象となります。

　既に行った申告について、納付税額が少なかったり、欠損金が過大であったりした場合は、税務署長による（　⑥　）を受けるまでは、□□□をすることができます。また、納付税額が多かったり、還付税額が少なかったりした場合、所定の要件を満たせば、（　⑥　）の請求をすることができます」

解答と解説

《問57》

〈略式別表四（所得の金額の計算に関する明細書）〉　　　　　　　　（単位：円）

区　分		総　額
当期利益の額		5,618,950
加算	損金経理をした納税充当金	（①　　9,000,000）
	役員給与の損金不算入額	（②　14,000,000）
	交際費等の損金不算入額	（③　　9,500,000）
	退職給付費用の損金不算入額	（④　　5,000,000）
	小　計	37,500,000

減算	納税充当金から支出した事業税等の金額	1,270,000
	退職給付引当金の当期認容額	（⑤　5,900,000）
	小　計	7,170,000
仮　計		35,948,950
法人税額から控除される所得税額（注）		（⑥　51,050）
合　計		36,000,000
欠損金又は災害損失金等の当期控除額		0
所得金額又は欠損金額		（⑦　36,000,000）

① 損金経理をした納税充当金

　　見積納税額（未払法人税等の金額）9,000千円は、損益計算書上、費用とされているが、法人税では損金算入しないため、「損金経理をした納税充当金」として加算する。

② 役員給与の損金不算入額

　　役員から時価よりも高額で購入した土地・建物に関しては、時価25,000千円と購入価額37,000千円との差額（12,000千円）は、損金不算入となる役員給与となる。また、役員に時価よりも低額で譲渡した車両に関しては、時価3,000千円と譲渡価額1,000千円との差額（2,000千円）は、損金不算入となる役員給与となる。したがって、役員給与の損金不算入額は、14,000千円（12,000千円＋2,000千円）となる。

③ 交際費等の損金不算入額

　　法人税法上の交際費等＝17,750千円－150千円＝17,600千円

　　期末資本金または出資金の額が1億円以下の法人は、年間支出交際費8,000千円以下の部分の全額、または接待飲食費の50％のいずれかを選択して損金算入する。接待飲食費の50％（16,200千円×50％＝8,100千円）のほうが多いため、損金算入額は8,100千円となる。

　　損金不算入額＝17,600千円－8,100千円＝9,500千円

　　なお、2024年4月より交際費等の範囲から除かれるものの範囲が、参加者1人当たり「5,000円以下」の飲食費から「10,000円以下」に引き上げられた。

④ 退職給付費用の損金不算入額

　　退職給付費用（退職給付引当金）については、原則として損金算入しないため、当期に損金計上した5,000千円を加算する。

⑤　退職金給付引当金の当期認容額

　　退職給付引当金の取崩額5,900千円（企業年金基金への支払2,900千円＋退職金の支払3,000千円）は、「退職給付引当金の当期認容額」として減算する。

⑥　法人税額から控除される所得税額（復興特別所得税額を含む）

　　預金の利子について源泉徴収された所得税額および復興特別所得税額は、当期の法人税額からの控除を選択するため、合計額を加算する（50千円＋1,050円＝51,050円）。

⑦　所得金額又は欠損金額

　　所得金額＝当期利益＋加算項目の小計－減産項目の小計＋所得税額

　　　　　　＝5,618,950円＋37,500,000円－7,170,000円＋51,050円

　　　　　　＝36,000,000円

　　　　正解　①9,000,000　②14,000,000　③9,500,000　④5,000,000

　　　　　　　⑤5,900,000　⑥51,050　⑦36,000,000

《問58》

《問57》の空欄⑦より、所得金額は3,600,000円となる。

8,000,000円×15％＋（36,000,000円－8,000,000円）×23.2％＝7,696,000円

7,696,000円－500,000円※1－51,050円※2＝7,144,950円

　　　　　　　　　　　　　　　　　　→7,144,900円（100円未満切捨て）

※1　「中小企業者等が特定経営力向上設備等を取得した場合の法人税額の特別控除」に係る税額控除額を控除

※2　所得税額および復興特別所得税額は、当期の法人税額から控除

　　　　　　　　　　　　　　　　　　　　　正解　7,144,900円

《問59》

　　　　正解　①6　②10　③1　④15　⑤2　⑥更正

タックスプランニング(2)

　個人事業主であるＡさんは、妻Ｂさんと小売業を営むとともに、所有する賃貸マンションから賃貸収入を得ている。2023年中に台風により自宅の一部が損壊したことから、火災保険から受け取った保険金や個人年金保険の解約返戻金を修理費用に充てており、確定申告で雑損控除の適用を受けようと考えている。

　Ａさんの家族および2023年分の収入等に関する資料は、以下のとおりである。

〈Ａさんとその家族に関する資料〉

Ａさん　　　　（47歳）：青色申告者

妻Ｂさん　　　（46歳）：2023年中に青色事業専従者として給与収入80万円を得ている。

父Ｃさん　　　（75歳）：2023年中に公的年金の老齢年金から年金収入150万円を得ている。

長男Ｄさん　　（20歳）：大学生。2023年中にアルバイトにより給与収入100万円を得ている。

〈Ａさんの2023年分の収入等に関する資料〉

Ｉ．事業所得に関する事項

　①　売上高、仕入高等

項　　目	金　　額
売上高	11,000万円
仕入高	8,400万円
年初の商品棚卸高	910万円
年末の商品棚卸高	945万円
必要経費※	1,114万円

　※　上記の必要経費は適正に計上されている。なお、当該必要経費には、青色事業専従者給与は含まれているが、売上原価および下記②の減価償却費は含まれていない。

　②　取得した減価償却資産（上記①の必要経費には含まれていない）

　　パソコン2台：5月11日に事業用として1台当たり9万円で取得し、

取得後直ちに事業の用に供している。

（耐用年数4年、償却率（定率法 0.5／定額法 0.25））

機械設備1台 ： 7月12日に事業用として320万円で取得し、取得後直ちに事業の用に供している。償却方法は法定償却方法とする。

（耐用年数8年、償却率（定率法 0.25／定額法 0.125））

Ⅱ．不動産所得に関する事項

賃貸収入：790万円

必要経費：815万円（賃貸用不動産の取得に要した負債の利子50万円（土地の取得に係るものが30万円、建物の取得に係るものが20万円）が含まれている）

Ⅲ．台風による損害額と保険金等に関する事項

損害金額 ：300万円（下記の災害関連支出は含まれていない）

災害関連支出の金額 ：100万円

火災保険からの保険金：150万円

Ⅳ．解約した個人年金保険に関する事項

保険の種類 ：一時払変額個人年金保険（10年確定年金）

契約年月 ：2012年2月

契約者（＝保険料負担者）：Aさん

被保険者 ：Aさん

解約返戻金額 ：340万円

正味払込保険料 ：270万円

※ 妻Bさん、父Cさん、長男Dさんは、Aさんと同居し、生計を一にしている。

※ Aさんとその家族は、いずれも障害者および特別障害者には該当しない。

※ Aさんとその家族の年齢は、いずれも2023年12月31日現在のものである。

※ 上記以外の条件は考慮せず、各問に従うこと。

《問57》 減価償却に関する以下の文章の空欄①〜⑤に入る最も適切な語句

または数値を、解答用紙に記入しなさい。

「減価償却資産の取得に要した金額を、その資産の耐用年数に応じて分割して必要経費とすることを減価償却といいます。所得税では、減価償却は強制償却であり、償却するかしないかを任意に決めることはできません。

2007年3月31日以前に取得した減価償却資産については、旧定額法や旧定率法などの償却方法で、2007年4月1日以後に取得した減価償却資産については、定額法や定率法などの償却方法で減価償却を行います。さらに、（　①　）年4月1日以後に取得した建物の償却方法は、旧定額法または定額法のみとなり、2016年4月1日以後に取得した建物附属設備および構築物の償却方法は定額法のみとなります。

償却方法は減価償却資産の種類ごとに選定します。新たに業務を開始した場合、償却方法を選定して、原則として、その翌年の（　②　）までに所轄税務署長に届け出ることとされています。この届出がない場合には、法定償却方法で計算することになります。所得税の法定償却方法は鉱業用減価償却資産等を除き、旧（　③　）法または（　③　）法です。また、償却方法を変更しようとするときは、原則として、その変更しようとする年の（　②　）までに所轄税務署長に申請書を提出してその承認を受ける必要があります。

鉱業用減価償却資産等を除く有形減価償却資産について、2007年3月31日以前に取得したものは、償却可能限度額である取得価額の（　④　）％まで旧定額法や旧定率法により償却費を計上し、残った帳簿価額から備忘価額（　⑤　）円を控除した金額を、償却可能限度額まで償却した年の翌年以後5年間で均等に償却します。2007年4月1日以後に取得したものについては、帳簿価額が（　⑤　）円になるまで定額法または定率法により償却費を計算します」

《問58》　Aさんの2023年分の事業所得の金額を求めなさい。〔計算過程〕を示し、〈答〉は円単位とすること。

なお、Aさんは、正規の簿記の原則（複式簿記）に従って記帳し、それに基づき作成した貸借対照表および損益計算書等を確定申告書に添付して、確定申告期限内に提出し、かつ、e-Taxによる申告（電子申告）を行うものとし、事業所得の金額の計算上、青色申告特別控除額を控除すること。また、

特に記載のない限り、2023年分の所得税が最も少なくなる課税方法を選択するものとする。

《問59》 前問《問58》を踏まえ、Aさんの2023年分の所得税および復興特別所得税の申告納税額を計算した下記の表の空欄①～⑦に入る最も適切な数値を、解答用紙に記入しなさい。空欄⑦については100円未満を切り捨てること。

なお、Aさんは、雑損控除の適用を受けるものとし、計算にあたっては、次頁の〈資料〉を用いるものとする。また、記載のない事項については考慮しないものとし、問題の性質上、明らかにできない部分は「□□□」で示してある。

（単位：円）

	事業所得の金額	□□□
	不動産所得の金額	□□□
	一時所得の金額	□□□
(a)	総所得金額	（ ① ）
	雑損控除	（ ② ）
	社会保険料控除	1,478,000
	扶養控除	（ ③ ）
	基礎控除	（ ④ ）
(b)	所得控除の額の合計額	□□□
(c)	課税総所得金額 ((a)−(b))	□□□
(d)	(c)に対する所得税額	（ ⑤ ）
(e)	税額控除	207,200
(f)	差引所得税額（基準所得税額）((d)−(e))	□□□
(g)	復興特別所得税額 ((f)×□□□％)	（ ⑥ ）
(h)	所得税及び復興特別所得税の額 ((f)+(g))	□□□
(i)	所得税及び復興特別所得税の源泉徴収税額	0
(j)	所得税及び復興特別所得税の申告納税額 ((h)−(i)) ※100円未満切捨て	（ ⑦ ）

〈資料〉65歳以上の年金受給者に係る公的年金等控除額の速算表（一部抜粋）

公的年金等に係る雑所得以外の 所得に係る合計所得金額が1,000万円以下	
公的年金等の 収入金額(A)	公的年金等控除額
万円超　　　　万円以下 　　　〜　　330 330　〜　410 410　〜　770 770　〜　1,000 1,000　〜	1,100,000円 A×25%＋275,000円 A×15%＋685,000円 A×5%＋1,455,000円 1,955,000円

〈資料〉所得税の速算表

課税総所得金額	税率	控除額
万円超　　　　万円以下 　　　〜　　195 195　〜　330 330　〜　695 695　〜　900 900　〜　1,800 1,800　〜　4,000 4,000　〜	5% 10% 20% 23% 33% 40% 45%	− 97,500円 427,500円 636,000円 1,536,000円 2,796,000円 4,796,000円

解答と解説

《問57》

正解　①1998　②3月15日　③定額　④95　⑤1

《問58》

・売上原価

9,100,000円＋84,000,000円−9,450,000円＝83,650,000円

・減価償却費（機械設備）

$3,200,000円 \times 0.125 \times \dfrac{6月}{12月} = 200,000円$

・事業所得の金額

110,000,000円−（11,140,000円＋83,650,000円＋200,000円＋180,000円）

−650,000円＝14,180,000円

＜解説＞

・売上原価は「年初の商品棚卸高＋その年の仕入高－年末の商品棚卸高」により計算する。

・減価償却費（機械設備）について、法定償却方法は定額法であり、使用月数（7月から12月までの6月）で月割計算する。パソコン2台（1台9万円）は、取得価額が10万円未満であるため少額減価償却資産に該当し、減価償却は行わずに事業の用に供した年に取得価額の全額（9万円×2台＝18万円）を必要経費に算入する。

・青色申告特別控除額は、一定の要件をすべて満たし、かつ、e-Tax による申告（電子申告）を行うため65万円となる。

| 正解 | 14,180,000円 |

《問59》

① 総所得金額

事業所得の金額：14,180,000円

不動産所得の金額：7,900,000円－8,150,000円＝▲250,000円※1

一時所得の金額：3,400,000円－2,700,000円－特別控除500,000円

= 200,000円

∴ $14,180,000円 + 200,000円 \times \dfrac{1}{2}^{※2} = 14,280,000円$

※1 土地の取得に係る負債の利子（300,000円）は損益通算できない。したがって、「250,000円＜300,000円」であるため、損益通算できる金額はない。

※2 一時所得の金額のうち総所得金額に算入される金額は2分の1相当額である。

② 雑損控除の金額

下記の(a) (b)のうちいずれか多いほうの金額であるため、1,072,000円となる。

(a)（損害金額＋災害関連支出の金額－保険金等の額）

－（総所得金額等×10％）

（3,000,000円＋1,000,000円－1,500,000円）－（14,280,000円×10％）

= 1,072,000円

(b)（災害関連支出の金額－保険金等の額）－50,000円

「災害関連支出の金額1,000,000円＜保険金等の額1,500,000円」のため、

0円

③ 扶養控除の金額

父Cさん（75歳）は、70歳以上でAさんと同居し、合計所得金額が下記のように480,000円以下であるため同居老親等に該当し、扶養控除の金額は580,000円となる。長男Dさん（20歳）は19歳以上23歳未満で合計所得金額が下記のように480,000円以下であるため特定扶養親族に該当し、扶養控除の金額は630,000円となる。したがって、扶養控除の金額は、「580,000円＋630,000円＝1,210,000円」となる。

父Cの雑所得の金額：1,500,000円－1,100,000円（公的年金等控除額）

＝400,000円

長男Dの給与所得の金額：1,000,000円－550,000円（給与所得控除額）

＝450,000円

④ 基礎控除の金額

合計所得金額が24,000,000円以下であるため、基礎控除の控除額は480,000円となる。

⑤ 課税所得金額に対する所得税額

所得控除の額の合計額：1,072,000円＋1,478,000円＋1,210,000円＋480,000円＝4,240,000円

課税所得金額：14,280,000円－4,240,000円＝10,040,000円

∴　10,040,000円×33％－1,536,000円＝1,777,200円

⑥ 復興特別所得税額

差引所得税額（基準所得税額）：1,777,200円－207,200円＝1,570,000円

∴　1,570,000円×2.1％＝32,970円

⑦ 所得税及び復興特別所得税の申告納税額

1,570,000円＋32,970円＝1,602,970円→1,602,900円（100円未満切捨て）

| 正解 | ①14,280,000　②1,072,000　③1,210,000　④480,000 |
| | ⑤1,777,200　⑥32,970　⑦1,602,900 |

D-3

タックスプランニング(3)

　製造業を営むＸ株式会社（資本金30,000千円、青色申告法人、同族会社かつ非上場会社で株主はすべて個人、租税特別措置法上の中小企業者等に該当し、適用除外事業者ではない。以下、「Ｘ社」という）の2024年3月期（2023年4月1日〜2024年3月31日。以下、「当期」という）における法人税の確定申告に係る資料は、以下のとおりである。

〈Ｘ社の当期における法人税の確定申告に係る資料〉

1．役員給与に関する事項

　　当期において、代表取締役であるＡさんが所有する時価11,000千円の土地を11,900千円で買い取った。なお、Ｘ社は、この土地の売買に係る事前確定届出給与に関する届出書は提出していない。

2．交際費等に関する事項

　　当期における交際費等の金額は20,700千円で、全額を損金経理により支出している。このうち、参加者1人当たり5千円以下の飲食費が700千円含まれており、その飲食費を除いた接待飲食費に該当するものが18,000千円含まれている（いずれも得意先との会食によるもので、専ら社内の者同士で行うものは含まれておらず、所定の事項を記載した書類も保存されている）。その他のものは、すべて税法上の交際費等に該当する。

3．修繕費に関する事項

　　当期の期末近くにおいて機械装置の大規模修繕を行い、12,000千円を修繕費として損金経理により支出しており、このうち、3,000千円は資本的支出に当たる。この修繕について、前期末決算において修繕引当金を12,000千円計上し、〈別表四（所得の金額の計算に関する明細書）〉において申告調整しており、当期の決算ではこの引当金の修繕引当金戻入を収益として計上した。

4．税額控除に関する事項

　　当期における「事業適応設備を取得した場合等の特別償却又は法人税額の特別控除」（以下、「デジタルトランスフォーメーション（DX）投資促進税制」という）に係る税額控除額が120千円ある。

5．「法人税、住民税及び事業税」等に関する事項

(1) 損益計算書に表示されている「法人税、住民税及び事業税」は、預金の利子について源泉徴収された所得税額40千円・復興特別所得税額840円および当期確定申告分の見積納税額9,840千円の合計額9,880,840円である。なお、貸借対照表に表示されている「未払法人税等」の金額は9,840千円である。

(2) 当期中に「未払法人税等」を取り崩して納付した前期確定申告分の事業税（特別法人事業税を含む）は860千円である。

(3) 源泉徴収された所得税額および復興特別所得税額は、当期の法人税額から控除することを選択する。

(4) 中間申告および中間納税については、考慮しないものとする。

※ 上記以外の条件は考慮せず、各問に従うこと。

《問57》《設例》のＸ社の当期の〈資料〉と下記の〈条件〉に基づき、同社に係る〈略式別表四（所得の金額の計算に関する明細書）〉の空欄①～⑦に入る最も適切な数値を、解答用紙に記入しなさい。なお、別表中の「＊＊＊」は、問題の性質上、伏せてある。

〈条件〉

・設例に示されている数値等以外の事項については考慮しないものとする。

・所得の金額の計算上、選択すべき複数の方法がある場合は、所得の金額が最も低くなる方法を選択すること。

・資本的支出に係る減価償却は考慮しなくてよい。

〈略式別表四（所得の金額の計算に関する明細書）〉　　　　（単位：円）

区　　分		総　　額
当期利益の額		35,079,160
加算	損金経理をした納税充当金	（　①　）
	役員給与の損金不算入額	（　②　）
	交際費等の損金不算入額	（　③　）
	修繕費の損金不算入額	（　④　）
	小　　計	＊＊＊
減算	納税充当金から支出した事業税等の金額	860,000
	修繕引当金戻入の益金不算入額	（　⑤　）
	小　　計	＊＊＊

仮　　計	＊＊＊
法人税額から控除される所得税額（注）	（　⑥　）
合　　計	＊＊＊
欠損金又は災害損失金等の当期控除額	0
所得金額又は欠損金額	（　⑦　）

（注）法人税額から控除される復興特別所得税額を含む。

《問58》　前問《問57》を踏まえ、X社が当期の確定申告により納付すべき法人税額を求めなさい。〔計算過程〕を示し、〈答〉は100円未満を切り捨てて円単位とすること。

〈資料〉普通法人における法人税の税率表

	課税所得金額の区分	税率 2023年4月1日以後 開始事業年度
資本金または出資金 100,000千円超の法人 および一定の法人	所得金額	23.2%
その他の法人	年8,000千円以下の所得金 額からなる部分の金額	15%
	年8,000千円超の所得金額 からなる部分の金額	23.2%

《問59》　法人税に関する以下の文章の空欄①～⑥に入る最も適切な語句または数値を、解答用紙に記入しなさい。

〈デジタルトランスフォーメーション（DX）投資促進税制〉

I　「産業競争力強化法の認定事業適応事業者である青色申告法人が、認定事業適応計画に従って実施する情報技術事業適応の用に供するために、特定ソフトウエアの新設等をし、または情報技術事業適応を実施するために利用するソフトウエアのその利用に係る費用（繰延資産となるものに限る）を支出する場合において、情報技術事業適応設備の取得等をし、デジタルトランスフォーメーション（DX）投資促進税制の適用を受ける場合、原則として、取得価額の（　①　）％の特別償却または取得価額の（　②　）％（グループ会社以外の者とのデータ連携を行う取組みに該当

する旨の主務大臣の確認を受ける場合は５％）の税額控除の適用を受けることができます。なお、税額控除額は、いわゆるカーボンニュートラルに向けた投資促進税制による税額控除額と合わせて当期の法人税額の（　③　）％が上限となります」

〈同族会社〉

II 「会社の株主等の３人以下ならびにこれらと特殊の関係のある個人および法人が、その会社の発行済株式または出資（その会社が有する自己の株式または出資を除く）の総数または総額の（　④　）％超を所有している会社は、法人税法上の同族会社とされます。

　同族会社については、特有の規定が設けられており、同族会社の使用人であっても、会社の経営に従事している者のうち、その使用人の属する株主グループの所有割合が10％を超えていること等の所定の要件を満たす者は、法人税法上の（　⑤　）とみなされます。また、同族会社の行為または計算で、これを容認した場合には法人税の負担を不当に減少させる結果となると認められるものがある場合、その行為または計算が否認されることがあります。さらに、被支配会社で、被支配会社の判定にあたり、判定の基礎となった株主等のうちに被支配会社でない法人がある場合には、その法人を除外して判定した場合においても被支配会社となるものは、原則として、資本金の額等が１億円以下であるもの等を除き、（　⑥　）会社となります。（　⑥　）会社は、各事業年度の留保金額が留保控除額を超える場合、留保金課税が適用されます」

解答と解説

《問57》

〈略式別表四（所得の金額の計算に関する明細書）〉　　　　　　　　（単位：円）

区　　分		総　　額
当期利益の額		35,079,160
加算	損金経理をした納税充当金	（①　　9,840,000）
	役員給与の損金不算入額	（②　　　900,000）
	交際費等の損金不算入額	（③　11,000,000）
	修繕費の損金不算入額	（④　　3,000,000）
	小　　計	24,740,000

減算	納税充当金から支出した事業税等の金額		860,000
	修繕引当金戻入の益金不算入額	(⑤	12,000,000)
	小　計		12,860,000
仮　計			46,959,160
法人税額から控除される所得税額（注）		(⑥	40,840)
合　計			47,000,000
欠損金又は災害損失金等の当期控除額			0
所得金額又は欠損金額		(⑦	47,000,000)

① 損金経理をした納税充当金

　　見積納税額（未払法人税等の金額）9,840千円は、損益計算書上、費用とされているが、法人税では損金算入しないため、「損金経理をした納税充当金」として加算する。

② 役員給与の損金不算入額

　　役員から時価よりも高額で購入した土地に関しては、時価11,000千円と購入価額11,900千円との差額（900千円）は、損金不算入となる役員給与となる。

③ 交際費等の損金不算入額

　　法人税法上の交際費等：20,700千円 − 700千円 = 20,000千円

　　期末の資本金または出資金の額が1億円以下の法人は、年間支出交際費8,000千円以下の部分の全額、または接待飲食費の50％のいずれかを選択して損金算入する。接待飲食費の50％（18,000千円 × 50％ = 9,000千円）のほうが多いため、損金算入額は9,000千円となる。

　　損金不算入額：20,000千円 − 9,000千円 = 11,000千円

　　なお、2024年4月より交際費等の範囲から除かれるものの範囲が、参加者1人当たり「5,000円以下」の飲食費から「10,000円以下」に引き上げられた。

④ 修繕費の損金不算入額

　　当期に支出した修繕費については損金算入するが、資本的支出（固定資産の使用可能期間を延長または価額を増加させる部分に対応する支出の金額：3,000千円）にあたる部分は修繕費とは区別され損金不算入となる。

⑤ 修繕引当金戻入の益金不算入額

　　修繕引当金戻入の金額（12,000千円）は、益金の額に算入されない。

⑥ 法人税額から控除される所得税額（復興特別所得税額を含む）

　　源泉徴収された所得税額および復興特別所得税額は、当期の法人税額からの
控除を選択するため、合計額を加算する（40千円＋840円＝40,840円）。

⑦ 所得金額又は欠損金額

　　所得金額＝35,079,160円＋24,740,000円－12,860,000円＋40,840円

　　　　　　＝47,000,000円

　　　／正解　①9,840,000　②900,000　③11,000,000　④3,000,000
　　　　　　　⑤12,000,000　⑥40,840　⑦47,000,000

《問58》

　《問57》より、所得金額は47,000,000円となる。

　8,000,000円×15％＋（47,000,000円－8,000,000円）×23.2％＝10,248,000円

　10,248,000円－120,000円※1－40,840円※2＝10,087,160円

　　　　　　　　　　　　　　　　　→10,087,100円（100円未満切捨て）

　※1　デジタルトランスフォーメーション（DX）投資促進税制に係る税額控
　　　　除額を控除

　※2　所得税額および復興特別所得税額は、当期の法人税額から控除

　　　　　　　　　　　　　　　　　　／正解　10,087,100円

《問59》

　　／正解　①30　②3　③20　④50　⑤役員　⑥特定同族

不動産(1)

　甲土地の借地権者であるＡさんは、甲土地上にある自宅で妻と２人で暮らしている。Ａさんは、自宅が老朽化してきたため、建替えを検討していたところ、先日、甲土地の貸主（地主）であるＢさんから、甲土地を乙土地と丙土地に分割して、乙土地部分をＡさんが取得し、丙土地部分をＢさんが取得するように借地権と所有権（底地）を交換したいとの提案を受けた。提案を受け、Ａさんは借地権と所有権（底地）を交換した場合における新しい自宅の建替えを検討することにした。

　甲土地および交換後の乙土地、丙土地の概要は、以下のとおりである。

〈甲土地の概要〉

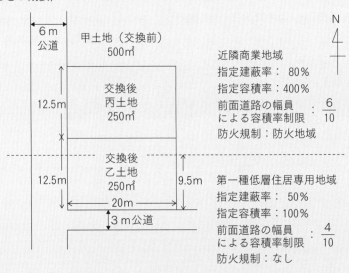

（注）

- 甲土地は500㎡の長方形の土地であり、交換後の乙土地および丙土地はいずれも250㎡の長方形の土地である。

- 交換後の乙土地のうち、近隣商業地域に属する部分は60㎡、第一種低層住居専用地域に属する部分は190㎡である。

- 幅員３mの公道は、建築基準法第42条第２項により特定行政庁の指定を受けた道路である。３m公道の道路中心線は、当該道路の中心部分にある。また、３m公道の甲土地の反対側は宅地であり、がけ地や川等ではな

い。

・交換後の乙土地は、建蔽率の緩和について特定行政庁が指定する角地では
ない。

・指定建蔽率および指定容積率とは、それぞれ都市計画において定められた
数値である。

・特定行政庁が都道府県都市計画審議会の議を経て指定する区域ではない。

※上記以外の条件は考慮せず、各問に従うこと。

《問60》 Aさんが、下記の〈条件〉で借地権と所有権（底地）を交換し、
「固定資産の交換の場合の譲渡所得の特例」の適用を受けた場合、次の①お
よび②に答えなさい。〔計算過程〕を示し、〈答〉は100円未満を切り捨てて
円単位とすること。なお、本問の譲渡所得以外の所得や所得控除等は考慮し
ないものとする。

① 課税長期譲渡所得金額はいくらか。

② 課税長期譲渡所得金額に係る所得税および復興特別所得税、住民税の合
計額はいくらか。

〈条件〉

〈交換譲渡資産〉	
・交換譲渡資産	：借地権（旧借地法による借地権）
	※2009年10月に相続（単純承認）により
	取得
・交換譲渡資産の取得費	：不明
・交換譲渡資産の時価	：3,000万円（交換時）
・交換費用（仲介手数料等）	：100万円（譲渡と取得の費用区分は不明）
〈交換取得資産〉	
・交換取得資産	：所有権（底地）
・交換取得資産の時価	：2,700万円（交換時）
〈交換差金〉	
・AさんがBさんから受領した交換差金	：300万円

《問61》 交換後の乙土地に耐火建築物を建築する場合、次の①および②に答えなさい（計算過程の記載は不要）。〈答〉は㎡表示とすること。なお、記載のない事項については考慮しないものとする。

① 建蔽率の上限となる建築面積はいくらか。

② 容積率の上限となる延べ面積はいくらか。

《問62》 建築基準法等における建築物の高さおよび外壁の後退距離等に関する以下の文章の空欄①～⑦に入る最も適切な語句または数値を、解答用紙に記入しなさい。

〈建物の高さ制限〉

Ⅰ 「都市計画区域と準都市計画区域内において、用途地域等に応じて、建築物の高さの制限が定められています。第一種低層住居専用地域、第二種低層住居専用地域または（ ① ）地域内における建築物の高さは、原則として、10ｍまたは12ｍのうち都市計画で定められた限度を超えてはならないとされています。

また、第一種低層住居専用地域内にある建築物に適用される高さの制限には、道路斜線制限と（ ② ）斜線制限があります。

ほかにも、日影規制（日影による中高層の建築物の高さの制限）の対象区域である第一種低層住居専用地域では、原則として、軒高が（ ③ ）ｍ超または地階を除く階数が3以上の建築物は、一部地域を除き、冬至日の午前（ ④ ）時から午後4時までの間において、一定範囲に一定時間以上日影となる部分を生じさせることのないものにする必要があります」

〈外壁の後退距離等〉

Ⅱ 「民法では、建物を築造する場合、境界線から（ ⑤ ）cm以上の距離を保たなければならないとされ、この規定と異なる慣習があるときは、その慣習に従うとされています。建築基準法において都市計画で建築物の外壁と敷地境界線までの距離の限度を定める場合は、第一種低層住居専用地域、第二種低層住居専用地域または（ ① ）地域では、原則として、その限度は、1.5ｍまたは（ ⑥ ）ｍ以上とされています。

なお、壁、柱、床その他の建築物の部分の構造のうち、（ ⑦ ）性能に関して一定の技術的基準に適合する鉄筋コンクリート造、れんが造その他の構造で、国土交通大臣が定めた構造方法を用いるものまたは国土交通

大臣の認定を受けたものを（　⑦　）構造といいますが、防火地域または準防火地域内にある建築物で、外壁が（　⑦　）構造のものについては、その外壁を隣地境界線に接して設けることができます。

　また、地区計画や建築協定、風致地区などによって建物の位置関係について定められている場合もあるので確認が必要です」

解答と解説

《問60》

① 課税長期譲渡所得金額

・収入金額：交換差金（3,000,000円）

・取得費および譲渡費用：（交換譲渡資産の取得費＋譲渡費用）×

$$\frac{収入金額}{交換取得資産の時価＋交換差金} = （30,000,000円 \times 5\%^{※1} + 1,000,000円$$

$$\times 50\%^{※2}）\times \frac{3,000,000円}{27,000,000円＋3,000,000円} = 200,000円$$

　※1　取得費が不明のため、概算取得費として「譲渡価額×5％」

　※2　譲渡と取得の費用区分が不明のため、当該費用の50％ずつをそれぞれの費用とする。

　∴　3,000,000円 － 200,000円 ＝ 2,800,000円

② 所得税および復興特別所得税、住民税の合計額

・所得税：2,800,000円 × 15％ ＝ 420,000円

・復興特別所得税：420,000円 × 2.1％ ＝ 8,820円

・住民税：2,800,000円 × 5％ ＝ 140,000円

・所得税および復興特別所得税の合計額：420,000円 ＋ 8,820円 ＝ 428,800円（100円未満切捨て）

　∴　428,800円 ＋ 140,000円 ＝ 568,800円

| 正解 | ①2,800,000円　②568,800円 |

《問61》

① 建蔽率の上限となる建築面積（㎡）

・近隣商業地域の部分

60㎡ × 100％※ ＝ 60㎡

　※　指定建蔽率が80％の防火地域内に耐火建築物を建築するため、建蔽率

の上限は100％となる。

・第一種低層住居専用地域の部分

セットバックによる後退距離：（4m－3m）÷2＝0.5m

190㎡－（20m×0.5m※）＝180㎡

180㎡×（50％＋10％）＝108㎡

※　幅員3m公道は、建築基準法第42条第2項道路であり、後退は当該道
路の両側とも可能であるため、道路の中心線から2m後退した線が道路境
界線とみなされる。後退部分（セットバック部分）は、建蔽率、容積率の
計算上、敷地面積には算入しない。近隣商業地域が防火地域であるため、
乙土地に建築物を建築する場合、第一種低層住居専用地域（防火規制な
し）も防火地域の規制を受ける。防火地域内に耐火建築物を建築する場合
には、指定建蔽率が10％緩和される。

∴　60㎡＋108㎡＝168㎡

② 容積率の上限となる延べ面積（㎡）

・近隣商業地域の部分：

$6m×\dfrac{6}{10}＝360％＜400％$（指定容積率）　∴360％

60㎡×360％＝216㎡

・第一種低層住居専用地域の部分：

$6m×\dfrac{4}{10}＝240％＞100％$（指定容積率）　∴100％

180㎡×100％＝180㎡

∴　216㎡＋180㎡＝396㎡

/正解　①168㎡　②396㎡

《問62》

/正解　①田園住居　②北側　③7　④8　⑤50　⑥1　⑦耐火

不動産(2)

　Aさん（50歳）が所有している甲土地とその土地上の家屋は、昨年、父親の相続により取得したものであり、先日、相続税を納付した。甲土地上の家屋に父親が1人で居住していたが、Aさんは既に自宅を所有しているため、相続した家屋は空き家となっており、今後も移り住む予定はない。

　相続した家屋は築45年で老朽化が進んでいることから、Aさんは、家屋を取り壊して甲土地を譲渡するか、あるいは甲土地上に賃貸マンションを建築することを検討している。

　甲土地の概要は、以下のとおりである。

〈甲土地の概要〉

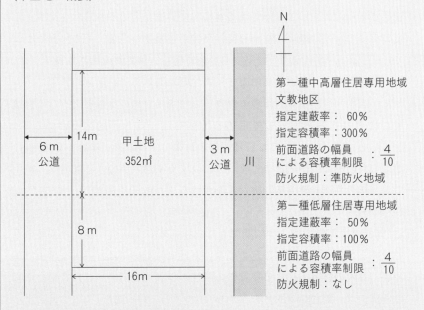

・甲土地は352㎡の長方形の土地であり、第一種中高層住居専用地域に属する部分は224㎡、第一種低層住居専用地域に属する部分は128㎡である。

・幅員3mの公道は、建築基準法第42条第2項により特定行政庁の指定を受けた道路である。また、3m公道の甲土地の反対側は川である。

・指定建蔽率および指定容積率とは、それぞれ都市計画において定められた数値である。

・特定行政庁が都道府県都市計画審議会の議を経て指定する区域ではない。

※上記以外の条件は考慮せず、各問に従うこと。

《問60》 建築物の用途に関する制限および借地借家法における借家契約に関する以下の文章の空欄①〜⑥に入る最も適切な語句または数値を、解答用紙に記入しなさい。なお、本問においては、定期建物賃貸借契約を定期借家契約、それ以外の建物賃貸借契約を普通借家契約という。

〈建築物の用途に関する制限〉

Ⅰ 「用途地域とは、地域における住居の環境の保護や商業、工業の利便の増進を図るなど、市街地の大枠としての土地利用を定めるもので、都市計画法において第一種低層住居専用地域や第一種中高層住居専用地域など合計（　①　）種類が定められています。建築基準法において、用途地域の種類ごとに建築することができる建築物の用途が定められており、甲土地上の2つの用途地域にまたがって建築物を建築する場合、その全部について、（　②　）専用地域の建築物の用途に関する規定が適用されます。

　文教地区など、用途地域内の一定の地区における当該地区の特性にふさわしい土地利用の増進、環境の保護等の特別の目的の実現を図るため当該用途地域の指定を補完して定める地区を（　③　）地区といいます。（　③　）地区内においては、建築物の建築の制限や禁止に関する規定は、地方公共団体の条例で定めます。また、国土交通大臣の承認を得て、条例で建築物の用途に関する制限が緩和されることもあります」

〈借家契約〉

Ⅱ 「普通借家契約では、契約期間を1年以内とした場合、期間の定めのない契約とされます。期間の定めのない普通借家契約では、正当な事由に基づき、建物の賃貸人による賃貸借の解約の申入れが認められた場合、建物の賃貸借は、解約の申入れの日から（　④　）カ月を経過することによって終了します。一方、建物の賃借人からの解約については、特約がなければ、解約の申入れの日から（　⑤　）カ月を経過することによって終了します。

　定期借家契約では、契約期間を1年未満とすることができます。この場合、建物の賃貸人による期間の満了により建物の賃貸借が終了する旨の通知は必要なく、その期間の満了により、当然に契約が終了します。契約期

間が１年以上である場合は、原則として、建物の賃貸人は、期間の満了の１年前から６カ月前までの間に建物の賃借人に対して通知をしなければ、その終了を建物の賃借人に対抗することができません。なお、建物の賃借人は、自己の居住用であって賃借している建物の床面積が（　⑥　）㎡未満であり、転勤等により建物を自己の生活の本拠として使用することが困難となったという要件を満たすときは、解約の申入れの日から１カ月後に当該賃貸借を終了させることができます」

《問61》　甲土地上に耐火建築物を建築する場合、次の①および②に答えなさい（計算過程の記載は不要）。〈答〉は㎡表示とすること。なお、記載のない事項については考慮しないものとする。

①　建蔽率の上限となる建築面積はいくらか。

②　容積率の上限となる延べ面積はいくらか。

《問62》　Ａさんが、相続した家屋を取り壊し、以下の〈条件〉でその敷地である甲土地を譲渡した場合、次の①〜③に答えなさい。〔計算過程〕を示し、〈答〉は100円未満を切り捨てて円単位とすること。なお、譲渡所得以外の所得や所得控除等は考慮しないものとする。

①　「被相続人の居住用財産（空き家）に係る譲渡所得の特別控除」の適用を受けた場合の課税長期譲渡所得金額はいくらか。

②　「相続財産に係る譲渡所得の課税の特例」（相続税の取得費加算の特例）の適用を受けた場合の課税長期譲渡所得金額はいくらか。

③　上記①で求めた金額と上記②で求めた金額のいずれか低い金額に係る所得税額、復興特別所得税額および住民税額の合計額はいくらか。

〈条件〉

〈譲渡資産（甲土地）に関する資料〉
・譲渡資産の譲渡価額：4,900万円
・譲渡資産の所有期間：45年
・譲渡資産の取得費　：不明
・譲渡費用　　　　　：900万円（家屋の取壊し費用、仲介手数料等）

〈父親の相続に関する資料〉
・相続人：Ａさん（ほかに相続人はいない）
・甲土地の相続税評価額　：3,600万円
　　　　　　　　　　　　（甲土地以外に相続した土地等はない）
・Ａさんの相続税の課税価格：7,900万円
　　　　　　　　　　　　（債務控除100万円を控除した後の金額。
　　　　　　　　　　　　相続時精算課税の適用はない）
・Ａさんが納付した相続税額：660万円
　　　　　　　　　　　　（贈与税額控除、相次相続控除は受けてい
　　　　　　　　　　　　ない）

解答と解説

《問60》
②　２つの用途地域にまたがって建築物を建築する場合、その全部について、敷
　地の過半の属する用途地域の用途に関する規定が適用される。

　　　正解　　①13　②第一種中高層住居　③特別用途　④6　⑤3　⑥200

《問61》
①　建蔽率の上限となる建築面積（㎡）
　・セットバックによる後退距離：4m－3m＝1m
　　※　幅員3m公道は、建築基準法第42条第2項道路であり、反対側は川で
　　　あるため川との境界線から4m後退した線が道路境界線とみなされる。後
　　　退部分（セットバック部分）は、建蔽率、容積率の計算上、敷地面積には
　　　算入しない。
　・第一種中高層住居専用地域の部分
　　14m×（16m－1m）＝210㎡
　　210㎡×（60％＋10％）＝147㎡
　・第一種低層住居専用地域の部分
　　8m×（16m－1m）＝120㎡
　　120㎡×（50％＋10％）＝72㎡
　　※　第一種中高層住居専用地域が準防火地域であるため、甲土地に建築物を
　　　建築する場合、第一種低層住居専用地域（防火規制なし）も準防火地域の

規制を受ける。準防火地域内に耐火建築物を建築する場合には、指定建蔽率が10％緩和される。

∴　147㎡＋72㎡＝219㎡

② 容積率の上限となる延べ面積（㎡）

・第一種中高層住居専用地域の部分

$6 \text{m} \times \dfrac{4}{10} = 240\% < 300\%$（指定容積率）　∴240％

210㎡×240％＝504㎡

・第一種低層住居専用地域の部分

$6 \text{m} \times \dfrac{4}{10} = 240\% > 100\%$（指定容積率）　∴100％

120㎡×100％＝120㎡

∴　504㎡＋120㎡＝624㎡

正解　①219㎡　②624㎡

《問62》

① 「被相続人の居住用財産（空き家）に係る譲渡所得の特別控除」の適用後の課税長期譲渡所得金額

課税長期譲渡所得金額：譲渡価額－（取得費＋譲渡費用）－特別控除額

49,000,000円－（49,000,000円×5％[※1]＋9,000,000円）－30,000,000円[※2]

＝7,550,000円

※1　取得費が不明のため、概算取得費として「譲渡価額×5％」

※2　「被相続人の居住用財産（空き家）に係る譲渡所得の特別控除の特例」の特別控除額（上限）

② 「相続財産に係る譲渡所得の課税の特例」の適用後の課税長期譲渡所得金額

本特例を適用した場合、以下の金額を取得費に加算することができる（取得費加算額）。

取得費加算額：その者の相続税額×

$\dfrac{その者が譲渡した土地・建物等に係る相続税評価額}{その者の相続税の課税価格＋その者の債務控除額}$ ＝6,600,000円×

$\dfrac{36,000,000円}{79,000,000円＋1,000,000円}$ ＝2,970,000円

49,000,000円－（49,000,000円×5％[※]＋2,970,000円＋9,000,000円）＝

34,580,000円

※　概算取得費と本特例（取得費加算）は併用できる。

③　所得税額、復興特別所得税額および住民税額の合計

上記①で求めた金額と上記②で求めた金額のいずれか低い金額は、①7,550,000円である。

所得税額：7,550,000円×15％＝1,132,500円

復興特別所得税額：1,132,500円×2.1％＝23,782.5円

所得税額・復興特別所得税額の合計：1,132,500円＋23,782.5円＝1,156,200円（100円未満切捨て）

住民税額：7,550,000円×5％＝377,500円

∴　1,156,200円＋377,500円＝1,533,700円

| 正解 | ①7,550,000円　②34,580,000円　③1,533,700円 |

不動産(3)

　自営業を営むAさん（45歳）は、都心にある分譲マンションに妻と子と4人で暮らしている。子が成長し、マンションが手狭になってきたことから、戸建て住宅に住み替えたいと考えていたところ、郊外に立地する甲土地が売りに出されていることを知り、購入を検討している。なお、新築する住宅は、住宅の一部に車庫を組み込んだビルトインガレージを設けて、Aさんが趣味で購入した自動車を保管したいと考えている。

　現在居住しているマンションは、12年前に新築で購入したものであり、昨今のマンション価格の高騰を受け譲渡益が発生する見込みである。

　甲土地の概要は、以下のとおりである。

〈甲土地の概要〉

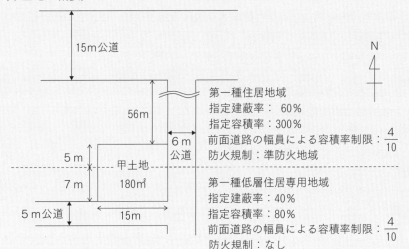

15m公道

56m

6m
公道

5m

7m

甲土地
180㎡

5m公道

15m

N

第一種住居地域
指定建蔽率： 60%
指定容積率：300%
前面道路の幅員による容積率制限：$\frac{4}{10}$
防火規制：準防火地域

第一種低層住居専用地域
指定建蔽率：40%
指定容積率：80%
前面道路の幅員による容積率制限：$\frac{4}{10}$
防火規制：なし

（注）

・甲土地は180㎡の長方形の土地であり、第一種住居地域に属する部分は75㎡、第一種低層住居専用地域に属する部分は105㎡である。

・指定建蔽率および指定容積率とは、それぞれ都市計画において定められた数値である。

・甲土地は、建蔽率の緩和について特定行政庁が指定する角地である。

・幅員15mの公道は、建築基準法第52条第9項の特定道路であり、特定道

路から甲土地までの延長距離は56mである。

・特定行政庁が都道府県都市計画審議会の議を経て指定する区域ではない。

※上記以外の条件は考慮せず、各問に従うこと。

《問60》 Aさんが、下記の〈譲渡資産および買換資産に関する資料〉に基づき、自宅を買い換えた場合、次の①および②に答えなさい。〔計算過程〕を示し、〈答〉は100円未満を切り捨てて円単位とすること。なお、本問の譲渡所得以外の所得や所得控除等は考慮しないものとする。

① 「特定の居住用財産の買換えの場合の長期譲渡所得の課税の特例」の適用を受けた場合の譲渡所得の金額に係る所得税および復興特別所得税、住民税の合計額はいくらか。

② 「居住用財産を譲渡した場合の3,000万円の特別控除」および「居住用財産を譲渡した場合の長期譲渡所得の課税の特例」の適用を受けた場合の譲渡所得の金額に係る所得税および復興特別所得税、住民税の合計額はいくらか。

〈譲渡資産および買換資産に関する資料〉

| ・譲渡資産の譲渡価額：1億円 |
| ・譲渡資産の取得費 ：6,500万円 |
| ・譲渡費用 ：480万円 |
| ・買換資産の取得価額：7,200万円 |

《問61》 甲土地に戸建て住宅（準耐火建築物）を建築する場合、次の①および②に答えなさい（計算過程の記載は不要）。〈答〉は㎡表示とすること。なお、記載のない事項については考慮しないものとする。

① 建蔽率の上限となる建築面積はいくらか。

② 容積率の上限となる延べ面積はいくらか。なお、特定道路までの距離による容積率制限の緩和を考慮すること。

〈特定道路までの距離による容積率制限の緩和に関する計算式〉

$$W_1 = \frac{(a - W_2) \times (b - L)}{b}$$

W_1：前面道路幅員に加算される数値

W_2：前面道路の幅員（m）

L ：特定道路までの距離（m）

※ 「a、b」は、問題の性質上、伏せてある。

《問62》 **住宅の新築工事に係る請負人の瑕疵担保責任および容積率算定上の延べ面積への不算入に関する以下の文章の空欄①〜⑥に入る最も適切な語句または数値を、解答用紙に記入しなさい。**

〈住宅の新築工事に係る請負人の瑕疵担保責任〉

I 「住宅の新築工事の請負契約を建設業者と締結する場合、建設業者は、発注者に引き渡した時から（ ① ）年間、住宅の構造耐力上主要な部分等の瑕疵について、構造耐力または雨水の浸入に影響のないものを除き、民法に規定する請負人の担保の責任（以下、「瑕疵担保責任」という）を負います。なお、建設業者が瑕疵担保責任を負うべき期間を、発注者に引き渡した時から最長（ ② ）年とすることができます。

建設業者は、瑕疵担保責任を履行するために、修理費用等の資力確保として住宅建設瑕疵担保責任保険契約（以下、「保険契約」という）の締結または住宅建設瑕疵担保保証金（以下、「保証金」という）の供託の措置をとらなければなりません。

保険契約が締結されると、住宅に瑕疵担保責任を負うべき瑕疵があった場合、補修を行った建設業者に保険金が支払われます。また、建設業者が倒産するなどにより、相当の期間を経過してもなお瑕疵担保責任が履行されない場合は、発注者の請求に基づき瑕疵によって生じた損害について保険金が支払われます。なお、瑕疵による損害を塡補するための保険金額は（ ③ ）万円以上でなければなりません。

保証金が供託されると、建設業者が倒産するなどにより、瑕疵担保責任を負う期間内にその履行ができなくなった場合、発注者は請求に基づき瑕疵によって生じた損害について保証金の還付を受けることができます。な

お、建設業者は、毎年３月31日から（　④　）週間を経過する日までの間において、３月31日前（　①　）年間に住宅を新築する建設工事の請負契約に基づき発注者に引き渡した新築住宅について瑕疵担保責任の履行を確保するため、保証金の供託をしていなければなりません」

〈容積率算定上の延べ面積への不算入〉

Ⅱ　「容積率の算定の基礎となる延べ面積の計算にあたって、ビルトインガレージなどの自動車車庫等部分の床面積は、その敷地内の建築物の各階の床面積の合計の（　⑤　）を限度として、延べ面積に算入しません。例えば、敷地面積が180㎡で、容積率の上限が100％の土地にビルトインガレージ部分を除いた延べ面積が180㎡の住宅を建てる場合、ビルトインガレージ部分の床面積は最大で（　⑥　）㎡とすることができます」

解答と解説

《問60》

① 「特定の居住用財産の買換えの場合の長期譲渡所得の課税の特例」の適用を受けた場合の譲渡所得の金額に係る所得税および復興特別所得税、住民税の合計額

収入金額　　　　　　：譲渡資産の譲渡価額－買換資産の取得価額

100,000,000円－72,000,000円＝28,000,000円

取得費および譲渡費用：（譲渡資産の取得費＋譲渡費用）

$$\times\frac{収入金額}{譲渡資産の譲渡価額}$$

$$(65,000,000円＋4,800,000円)\times\frac{28,000,000円}{100,000,000円}$$

＝19,544,000円

課税長期譲渡所得金額：収入金額－取得費および譲渡費用

28,000,000円－19,544,000円＝8,456,000円

所得税額　　　　　　：8,456,000円×15％＝1,268,400円

復興特別所得税額　　：1,268,400円×2.1％＝26,636.4円

上記合計額　　　　　：1,268,400円＋26,636.4円＝1,295,036.4円

→1,295,000円（100円未満切捨て）

住民税額　　　　　　：8,456,000円×5％＝422,800円

合計額　　　　　　　：1,295,000円＋422,800円＝1,717,800円

② 「居住用財産を譲渡した場合の3,000万円の特別控除」および「居住用財産を譲渡した場合の長期譲渡所得の課税の特例」の適用を受けた場合の譲渡所得の金額に係る所得税および復興特別所得税、住民税の合計額

課税長期譲渡所得金額：譲渡資産の譲渡価額－

（譲渡資産の取得費＋譲渡費用）－

居住用財産を譲渡した場合の3,000万円の特別控除

100,000,000円－（65,000,000円＋4,800,000円）

－30,000,000円＝200,000円

所得税額　　　　　　：200,000円×10％＝20,000円

復興特別所得税額　　：20,000円×2.1％＝420円

上記合計額　　　　　：20,000円＋420円＝20,420円

$$\rightarrow 20,400円（100円未満切捨て）$$

住民税額	：200,000円×4％＝8,000円
合計額	：20,400円＋8,000円＝28,400円

なお、課税長期譲渡所得金額が6,000万円以下の部分については、所得税10％、住民税4％の軽減税率が適用される。

正解　①1,717,800円　②28,400円

《問61》

① 建蔽率の上限となる建築面積（㎡）

・第一種住居地域の部分：

75㎡×（60％＋10％＋10％）＝60㎡

・第一種低層住居専用地域の部分：

105㎡×（40％＋10％＋10％）＝63㎡

∴　60㎡＋63㎡＝123㎡

第一種住居地域が準防火地域であるため、甲土地に建築物を建築する場合、第一種低層住居専用地域（防火規制なし）も準防火地域の規制を受ける。準防火地域内に準耐火建築物を建築する場合には、指定建蔽率が10％緩和される。なお、建蔽率の緩和に関する角地の指定を受けているため、さらに10％緩和される。

② 容積率の上限となる延べ面積（㎡）

$$W_1 = \frac{（12-前面道路の幅員）×（70-特定道路までの距離）}{70}$$

$$= \frac{（12-6）×（70-56）}{70} = 1.2$$

・第一種住居地域の部分：

$$（6m+1.2m）×\frac{4}{10} = 288％ ＜ 300％（指定容積率）　∴288％$$

75㎡×288％＝216㎡

・第一種低層住居専用地域の部分：

$$（6m+1.2m）×\frac{4}{10} = 288％ ＞ 80％（指定容積率）　∴80％$$

105㎡×80％＝84㎡

∴　216㎡＋84㎡＝300㎡

《問62》

⑥　ビルトインガレージ部分の最大の床面積を χ ㎡とする。

$$\chi\,㎡ = (180㎡ + \chi\,㎡) \times \frac{1}{5}$$

$$\chi\,㎡ = 36㎡ + \frac{1}{5}\,\chi\,㎡$$

$$\chi\,㎡ - \frac{1}{5}\,\chi\,㎡ = 36㎡$$

$$\frac{4}{5}\,\chi\,㎡ = 36㎡$$

$$\chi\,㎡ = 36㎡ \times \frac{5}{4} = 45㎡$$

正解　①10　②20　③2,000　④3　⑤5分の1　⑥45

相続・事業承継⑴

　Aさん（71歳）は、一昨年ごろから自身の健康面に不安を感じることが多くなり、自身の相続が発生したときのことを考えるようになった。

　そこで、Aさんは、いくつかの相続セミナーに参加してみたところ、これまで子どもたちの仲は良好であるため遺産分割でもめることはないと漠然と思っていたが、多くのトラブル事例を聞き、不安を感じるようになった。このため、自身の相続財産がどれくらいの金額になるのかを把握したうえで、遺言書を作成しておきたいと考えている。

　また、Aさんは、相続対策の一環として、2022年10月に長男Cさん（42歳）に暦年贈与により560万円を贈与しているが、さらに、二男Dさん（38歳）に贈与税の非課税措置を利用して住宅取得資金の援助を行うことも考えている。

　Aさんに関する資料は、以下のとおりである。

〈Aさんに関する資料〉

⑴　Aさんの親族関係図

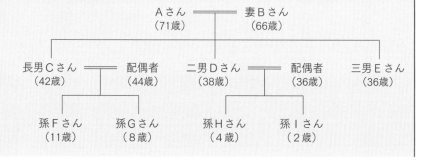

(2) Aさんが所有する自宅敷地、貸家建付地の概要

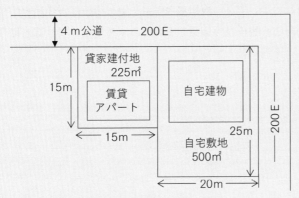

(3) Aさんが所有する財産（相続税評価額）

現預金　　　：1億4,500万円

上場株式　　：1億3,000万円

自宅建物　　：2,500万円

自宅敷地　　：□□□万円

賃貸アパート：2,000万円

貸家建付地　：□□□万円

(4) Aさんが加入している生命保険の契約内容

保険の種類	：終身保険
契約年月	：1995年4月
契約者（＝保険料負担者）・被保険者	：Aさん
死亡保険金受取人	：妻Bさん
死亡保険金額	：5,000万円

※ 長男Cさんは、Aさんからの贈与について、贈与税を納付しており、贈
　与税の非課税措置の適用を受けていない。

※ 自宅敷地は500㎡の長方形の土地であり、貸家建付地は225㎡の正方形
　の土地である。

※ 自宅敷地および貸家建付地は、市街化区域内の普通住宅地区に所在し、
　地積規模の大きな宅地に該当しない。

※ 賃貸アパートの借家権割合は30％、賃貸割合は100％とする。

※ 問題の性質上、明らかにできない部分は「□□□」で示してある。

※ 上記以外の条件は考慮せず、各問に従うこと。

《問63》 《設例》のＡさんが所有する自宅敷地、貸家建付地の概要に基づき、次の①および②について「小規模宅地等についての相続税の課税価格の計算の特例」の適用前の相続税評価額をそれぞれ求めなさい（計算過程の記載は不要）。〈答〉は万円単位とすること。

① 貸家建付地

② 自宅敷地

〈資料〉奥行価格補正率表（一部抜粋）

奥行距離（ｍ）	地区区分	普通住宅地区
10以上　　12未満		
12 〃　　14 〃		
14 〃　　16 〃		1.00
16 〃　　20 〃		
20 〃　　24 〃		
24 〃　　28 〃		0.97

〈資料〉側方路線影響加算率表（一部抜粋）

地区区分	加算率	
	角地の場合	準角地の場合
普通住宅地区	0.03	0.02

《問64》 仮にＡさんが現時点（2023年5月28日）で死亡し、長男Ｃさんに係る相続税の課税価格が1億1,070万円である場合、《設例》の〈Ａさんに関する資料〉に基づき、次の①～③に答えなさい。〔計算過程〕を示し、〈答〉は万円単位とすること。

　なお、《問63》の答にかかわらず、自宅敷地の相続税評価額は1億円、貸家建付地の相続税評価額は4,000万円（いずれも「小規模宅地等についての相続税の課税価格の計算の特例」の適用前の金額）とすること。また、自宅建物およびその敷地を妻Ｂさんが相続して、自宅敷地について「小規模宅地等についての相続税の課税価格の計算の特例」の適用を受けるものとする。

① 課税価格の合計額はいくらか。

② 相続税の総額はいくらか。

③ 長男Ｃさんの納付すべき相続税額はいくらか。

〈資料〉相続税の速算表

法定相続分に応ずる取得金額		税率	控除額
万円超	万円以下		
	～ 1,000	10%	－
1,000	～ 3,000	15%	50万円
3,000	～ 5,000	20%	200万円
5,000	～ 10,000	30%	700万円
10,000	～ 20,000	40%	1,700万円
20,000	～ 30,000	45%	2,700万円
30,000	～ 60,000	50%	4,200万円
60,000	～	55%	7,200万円

〈資料〉贈与税の速算表（一部抜粋）

基礎控除後の課税価格		特例贈与財産		一般贈与財産	
		税率	控除額	税率	控除額
万円超	万円以下				
	～ 200	10%	－	10%	－
200	～ 300	15%	10万円	15%	10万円
300	～ 400	15%	10万円	20%	25万円
400	～ 600	20%	30万円	30%	65万円

《問65》 遺言および贈与税の非課税措置に関する以下の文章の空欄①～⑥に入る最も適切な語句または数値を、解答用紙に記入しなさい。なお、問題の性質上、明らかにできない部分は「□□□」で示してある。

〈遺言〉

I 「民法に定める自筆証書遺言、公正証書遺言、秘密証書遺言のうち、公正証書遺言は、証人（ ① ）人以上の立会いのもと、遺言者が遺言の趣旨を公証人に口授し、公証人がこれを筆記して作成します。自筆証書遺言は、遺言者が、原則としてその全文、日付および氏名を自書し、これに押印して作成します。自筆証書遺言には、自筆証書遺言書保管制度があり、同制度により（ ② ）に保管された自筆証書遺言については、遺言者の相続開始時に（ ③ ）における検認の手続が不要になります。

公正証書遺言では、遺言書の作成時に、正本1通と謄本1通の交付を受けるのが通常であり、これを利用して遺言執行を行うので、遺言者の死後に、改めて遺言書の謄本を請求する必要はありません。一方、自筆証書遺言書保管制度では、（ ② ）で保管された自筆証書遺言について、写し

は手元に残りません。遺言者の相続開始後に、相続人等が、一定の書類を添付して（　④　）証明書の交付請求をし、交付を受けた（　④　）証明書を用いて遺言執行を行います」

〈直系尊属から住宅取得等資金の贈与を受けた場合の贈与税の非課税〉

Ⅱ　「贈与により取得した住宅取得等資金について、取得する住宅用家屋の構造に応じて贈与税が非課税となります。この特例による非課税限度額は、2023年5月に住宅用家屋を新築した場合、受贈者ごとに、住宅取得等資金を充てて新築した住宅用家屋が一定の省エネ等住宅であるときは（　⑤　）万円、省エネ等住宅以外であるときは□□□万円となります。

　　この特例の適用を受けるためには、受贈者は、贈与を受けた年の1月1日において18歳以上であり、贈与を受けた年の年分の所得税に係る合計所得金額が2,000万円以下でなければなりません。また、受贈者が取得する住宅用家屋は、受贈者の居住の用に供する家屋で、床面積は（　⑥　）㎡以下等の要件を満たさなければなりません」

解答と解説

《問63》

① 貸家建付地

貸家建付地の評価額：自用地価額$^{※1}$×（1－借地権割合×借家権割合×賃貸割合）

　　　　　　　　　　＝4,500万円×（1－50%$^{※2}$×30%×100%）＝3,825万円

※1　路線価×奥行価格補正率×地積＝200千円×1.00×225㎡＝4,500万円

※2　「200E」のEは、借地権割合が50%であることを表す。

② 自宅敷地

角地の自用地評価額：

（正面路線価×奥行価格補正率＋側方路線価×奥行価格補正率×側方路線影響加算率）×地積

＝（200千円$^{※1}$×1.00＋200千円×0.97×0.02$^{※2}$）×500㎡＝10,194万円

※1　「路線価×奥行価格補正率」が高いほうが正面路線となる。

※2　一系統の路線の屈折部（L字路）の内側であるため、準角地の場合に該当する。

《問64》

① 課税価格の合計額

- 自宅敷地の評価額：1億円 −（1億円 × $\dfrac{330㎡}{500㎡}$ × 80％$^{※}$）= 4,720万円

  ※　自宅敷地について「小規模宅地等についての相続税の課税価格の計算の特例」の適用を受ける場合、330㎡までの部分について80％減額することができる。

- 課税価格に算入される死亡保険金の額：5,000万円 −（500万円 × 4人$^{※}$）
  = 3,000万円

  ※　相続人が受け取る死亡保険金は「500万円×法定相続人の数」まで非課税となる。法定相続人の数は、妻Bさん、長男Cさん、二男Dさん、三男Eさんの4人である。

  ∴　1億4,500万円 + 1億3,000万円 + 2,500万円 + 4,720万円 + 2,000万円
  + 4,000万円 + 3,000万円 + 560万円$^{※}$ = 4億4,280万円

  ※　2022年10月に長男Cさんに暦年贈与により贈与した560万円は、相続開始前3年以内の贈与財産であるため、相続税の課税価格に加算する。

② 相続税の総額

- 遺産に係る基礎控除額：3,000万円 +（600万円 × 4人）= 5,400万円
- 課税遺産総額　　　　：4億4,280万円 − 5,400万円 = 3億8,880万円
- 法定相続人の法定相続分に応じた取得金額を基に計算した税額：

  妻Bさん：3億8,880万円 × $\dfrac{1}{2}$ × 40％ − 1,700万円 = 6,076万円

  長男Cさん、二男Dさん、三男Eさん：3億8,880万円 × $\dfrac{1}{6}$ × 30％ − 700万
  円 = 1,244万円

- 相続税の総額：6,076万円 + 1,244万円 × 3人 = 9,808万円

③ 長男Cさんの納付すべき相続税額

- 長男Cの算出税額　　　　　：9,808万円 × $\dfrac{1億1,070万円}{4億4,280万円}$ = 2,452万円

- 贈与税額控除額　　　　　　：（560万円 − 110万円）× 20％$^{※}$ − 30万円
  = 60万円

※　18歳以上の者が直系尊属から贈与を受けているため、特例贈与財産の
　　税率が適用される。
・長男Cの納付すべき相続税額：2,452万円－60万円＝2,392万円

／正解　①4億4,280万円　②9,808万円　③2,392万円

《問65》

／正解　①2　②法務局　③家庭裁判所　④遺言書情報　⑤1,000　⑥240

相続・事業承継(2)

　Aさん（76歳）は、甲土地と、その土地上にある4階建ての賃貸マンションを所有している。Aさんは、最近、急逝した友人の遺族が遺産分割でもめていると聞き、自身の相続が発生した後、妻Bさん（69歳）や長女Dさん（40歳）たちが遺産分割でもめないように準備しておきたいと考えている。また、Aさんは、当該賃貸マンションの1階で経営する洋菓子店の経営を、昨年、生計を一にする長女Dさんに引き継いだが、事業用資産についてはそのままにしているため、長女Dさんに承継する方法を知りたいと思っている。

　Aさんの親族関係図およびAさんが所有している甲土地に関する資料は、以下のとおりである。なお、Aさんは、孫Eさん（14歳）および孫Fさん（13歳）とそれぞれ普通養子縁組（特別養子縁組以外の縁組）をしている。

〈Aさんの親族関係図〉

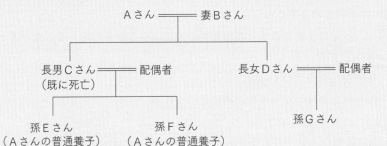

〈Aさんが所有している甲土地に関する資料〉

　甲土地（Aさんが所有している自宅兼賃貸マンションの敷地）

　宅地面積　：264㎡　　自用地評価額：6,600万円

　借地権割合：60%　　　借家権割合　：30%

※　甲土地上にある賃貸マンションは4階建て（600㎡）であり、各階の床面積は同一である（各階150㎡）。

※　4階部分150㎡はAさんの自宅として使用し、妻Bさんおよび長女Dさん家族と同居している。1階部分のうち100㎡は長女DさんがAさんから使用貸借により借り受けて洋菓子店を営んでいる。1階部分のうち50㎡、2階および3階部分の各150㎡は賃貸の用に供している（入居率100%）。

※　上記以外の条件は考慮せず、各問に従うこと。

《問63》　仮に、Aさんが現時点（2023年9月10日）において死亡し、《設例》の〈Aさんが所有している甲土地に関する資料〉に基づき、相続税の課税価格の計算上、甲土地の評価額から減額される金額が最大となるように「小規模宅地等についての相続税の課税価格の計算の特例」の適用を受ける場合、貸付事業用宅地等として適用を受けることができる面積を求めなさい（計算過程の記載は不要）。〈答〉は㎡単位とすること。

　なお、甲土地のうち自宅に対応する部分は特定居住用宅地等、洋菓子店に対応する部分は特定事業用宅地等、賃貸マンションに対応する部分は貸付事業用宅地等にそれぞれ該当するものとする。

《問64》　仮に、Aさんが現時点（2023年9月10日）において死亡し、孫Eさんに係る相続税の課税価格が4,280万円、相続税の課税価格の合計額が2億1,400万円である場合、①および②に答えなさい。〔計算過程〕を示し、〈答〉は万円単位とすること。

　なお、孫Eさんはこれまでに相続税の未成年者控除の適用を受けたことがないものとする。

①　相続税の総額はいくらか。

②　孫Eさんの納付すべき相続税額はいくらか。

〈資料〉相続税の速算表

法定相続分に応ずる取得金額		税率	控除額
万円超	万円以下		
～	1,000	10%	―
1,000 ～	3,000	15%	50万円
3,000 ～	5,000	20%	200万円
5,000 ～	10,000	30%	700万円
10,000 ～	20,000	40%	1,700万円
20,000 ～	30,000	45%	2,700万円
30,000 ～	60,000	50%	4,200万円
60,000 ～		55%	7,200万円

《問65》 「個人の事業用資産についての贈与税・相続税の納税猶予及び免除の特例」（以下、「本特例」という）および「配偶者に対する相続税額の軽減」（以下、「本制度」という）に関する以下の文章の空欄①〜⑥に入る最も適切な語句または数値を、解答用紙に記入しなさい。

〈個人の事業用資産についての贈与税・相続税の納税猶予及び免除の特例〉

I 「本特例の適用を受けた場合、後継者が先代事業者から贈与または相続等により取得した特定事業用資産に係る贈与税・相続税の（ ① ）％の納税が猶予されます。本特例の適用を受けるためには、2019年4月1日から2024年3月31日までの間に個人事業承継計画を（ ② ）に提出し、確認を受ける必要があります。なお、特定事業用資産とは、先代事業者の事業の用に供されていた宅地等（（ ③ ）㎡まで）、建物（床面積800㎡まで）、その他一定の減価償却資産で、贈与または相続等の日の属する年の前年分の事業所得に係る青色申告書の貸借対照表に計上されているものです。

　相続等により取得して本特例の適用を受ける事業用の宅地は、特定事業用宅地等に係る『小規模宅地等についての相続税の課税価格の計算の特例』の対象となりません」

〈配偶者に対する相続税額の軽減〉

II 「本制度は、被相続人の配偶者が相続等により取得した財産の金額が、原則として、1億6,000万円または配偶者の法定相続分相当額のいずれか多い金額を超えない限り、配偶者の納付すべき相続税額が算出されない制度です。

　本制度は、原則として、相続税の申告期限までに分割されていない財産は対象になりません。ただし、相続税の申告書に『申告期限後（ ④ ）年以内の分割見込書』を添付したうえで、申告期限までに分割されなかった財産について申告期限から（ ④ ）年以内に分割したときは、本制度の対象になります。また、相続税の申告期限から（ ④ ）年を経過する日までに分割できないやむを得ない事情があり、所轄税務署長の承認を受けた場合で、その事情がなくなった日の翌日から（ ⑤ ）カ月以内に分割されたときも、本制度の対象になります。

　相続税の申告後に行われた遺産分割に基づいて本制度の適用を受けるためには、分割が成立した日の翌日から（ ⑤ ）カ月以内に（ ⑥ ）の

請求をする必要があります」

解答と解説

《問63》

・特定居住用宅地等に該当する面積（4階部分）

$$264㎡ × \frac{150㎡}{600㎡} = 66㎡$$

・特定事業用宅地等に該当する面積（1階部分のうち100㎡）

$$264㎡ × \frac{100㎡}{600㎡} = 44㎡$$

・貸付事業用宅地等に該当する面積（2階と3階部分、1階部分のうち50㎡）

$$264㎡ - （66㎡ + 44㎡） = 154㎡$$

・貸付事業用宅地等として適用を受けることができる面積

特定居住用宅地等の面積 × $\frac{200}{330}$ + 特定事業用宅地等の面積 × $\frac{200}{400}$ + 貸付

事業用宅地等の適用面積 ≦ 200㎡

$$66㎡ × \frac{200}{330} + 44㎡ × \frac{200}{400} + 貸付事業用宅地等の適用面積 ≦ 200㎡$$

∴ 貸付事業用宅地等の適用面積 = 138㎡

| 正解 | 138㎡ |

《問64》

① 相続税の総額

・遺産に係る基礎控除額：3,000万円 +（600万円 × 4人※）= 5,400万円

※ 妻Bさん、長女Dさん、孫Eさん、孫Fさんの4人。孫Eさんと孫Fさんは普通養子であるが、代襲相続人であるため実子とみなされ、養子の数の制限を受けない。

・課税遺産総額 ：2億1,400万円 - 5,400万円 = 1億6,000万円

・法定相続人の法定相続分に応じた取得金額を基に計算した税額：
法定相続人の法定相続分は以下のとおりである。

妻Bさんの法定相続分：$\dfrac{1}{2}$

孫Eさん、孫Fさんの法定相続分（各）：$\dfrac{1}{2}\times\dfrac{1}{4}+\dfrac{1}{2}\times\dfrac{1}{4}\times\dfrac{1}{2}=\dfrac{3}{16}$

※　普通養子の法定相続分（8分の1）と代襲相続人としての法定相続分
（16分の1）の合計

長女Dさんの法定相続分：$\dfrac{1}{2}\times\dfrac{1}{4}=\dfrac{1}{8}$

妻Bさん：1億6,000万円×$\dfrac{1}{2}$×30％−700万円＝1,700万円

孫Eさん、孫Gさん（各）：1億6,000万円×$\dfrac{3}{16}$×15％−50万円＝400万円

長女Dさん：1億6,000万円×$\dfrac{1}{8}$×15％−50万円＝250万円

∴　1,700万円＋400万円×2人＋250万円＝2,750万円

② 孫Eさんの納付すべき相続税額

・孫Eさんの算出税額：2,750万円×$\dfrac{4,280万円}{2億1,400万円}$＝550万円

・未成年者控除額　　　：（18歳−14歳）×10万円＝40万円

∴　550万円−40万円＝510万円

正解 ①2,750万円 ②510万円

《問65》

正解 ①100 ②都道府県知事 ③400 ④3 ⑤4 ⑥更正

相続・事業承継(3)

　非上場会社のX株式会社（以下、「X社」という）の代表取締役社長であるAさん（75歳）の推定相続人は、妻Bさん（73歳）、長男Cさん（49歳）、長女Dさん（46歳）の3人である。Aさんは、所有するX社株式をX社の副社長である長男Cさんに贈与して第一線を退く決意を固めており、長男Cさんに事業を承継するにあたり、X社の経営にいっさい関与していない弟Eさん（72歳）が所有しているX社株式を買い取っておきたいと考えている。

　X社に関する資料は、以下のとおりである。

〈X社の概要〉

(1) 業種　電子部品製造業（従業員数27名）

(2) 資本金等の額6,500万円（発行済株式総数130,000株、すべて普通株式で1株につき1個の議決権を有している）

(3) 株主構成

株主	Aさんとの関係	所有株式数
Aさん	本人	80,000株
Cさん	長男	20,000株
Eさん	弟	30,000株

(4) 株式の譲渡制限　あり

(5) X社株式の評価（相続税評価額）に関する資料

・X社の財産評価基本通達上の規模区分は「中会社の大」である。

・X社は、特定の評価会社には該当しない。

・比準要素の状況

比準要素	X社	類似業種
1株（50円）当たりの年配当金額	☐☐☐円	4.2円
1株（50円）当たりの年利益金額	☐☐☐円	22円
1株（50円）当たりの簿価純資産価額	234円	214円

※　すべて1株当たりの資本金等の額を50円とした場合の金額である。

※　「☐☐☐」は、問題の性質上、伏せてある。

・類似業種の1株（50円）当たりの株価の状況

課税時期の属する月の平均株価　　　　　305円

課税時期の属する月の前月の平均株価	317円
課税時期の属する月の前々月の平均株価	320円
課税時期の前年の平均株価	314円
課税時期の属する月以前2年間の平均株価	309円

(6) X社の過去3年間の決算（売上高・所得金額・配当金額）の状況

事業年度	売上高	所得金額	配当金額
直　前　期	84,000万円	3,720万円	501万円（注）
直　前　々　期	79,000万円	3,370万円	431万円
直前々期の前期	81,000万円	2,520万円	450万円

（注）記念配当100万円が含まれている。

(7) X社の資産・負債の状況

直前期のX社の資産・負債の相続税評価額と帳簿価額は、次のとおりである。

科　目	相続税評価額	帳簿価額	科目	相続税評価額	帳簿価額
流動資産	28,100万円	28,100万円	流動負債	16,700万円	16,700万円
固定資産	43,290万円	37,020万円	固定負債	18,000万円	18,000万円
合　　計	71,390万円	65,120万円	合　　計	34,700万円	34,700万円

※　上記以外の条件は考慮せず、各問に従うこと。

《問63》《設例》の〈X社の概要〉に基づき、X社株式の1株当たりの類似業種比準価額を求めなさい。〔計算過程〕を示し、〈答〉は円単位とすること。また、端数処理については、1株当たりの資本金等の額を50円とした場合の株数で除した年配当金額は10銭未満を切り捨て、1株当たりの資本金等の額を50円とした場合の株数で除した年利益金額は円未満を切り捨て、各要素別比準割合および比準割合は小数点第2位未満を切り捨て、1株当たりの資本金等の額50円当たりの類似業種比準価額は10銭未満を切り捨て、X社株式の1株当たりの類似業種比準価額は円未満を切り捨てること。

なお、X社株式の類似業種比準価額の算定にあたり、複数の方法がある場合は、最も低い価額となる方法を選択するものとする。

《問64》《設例》の〈X社の概要〉に基づき、X社株式の1株当たりの①純

資産価額および②類似業種比準方式と純資産価額方式の併用方式による価額を、それぞれ求めなさい（計算過程の記載は不要）。〈答〉は円未満を切り捨てて円単位とすること。

　なお、Ｘ社株式の相続税評価額の算定にあたり、複数の方法がある場合は、最も低い価額となる方法を選択するものとする。

《問65》　Ｘ社による「自己株式の買取り」および「非上場株式等についての贈与税の納税猶予及び免除の特例（特例措置）」（以下、「本特例」という）に関する以下の文章の空欄①～⑦に入る最も適切な語句または数値を、解答用紙に記入しなさい。

〈自己株式の買取り〉

Ｉ　「Ｘ社がＡさんの弟Ｅさんから X 社株式を買い取るためには、特定の株主からの取得となるため、Ｘ社の株主総会の特別決議が必要となります。特別決議とは、原則として、株主総会において議決権を行使することができる株主の議決権の過半数を有する株主が出席し、出席した当該株主の議決権の（　①　）以上に当たる多数をもって行われる決議です。なお、弟Ｅさんは、原則としてこの株主総会において議決権を行使することができません。弟Ｅさんが、Ｘ社株式をＸ社に譲渡した場合、譲渡価額のうち当該株式に対応する資本金等の額を超える部分の金額については、（　②　）所得として総合課税の対象となります。

　仮に、弟Ｅさんが死亡し、弟Ｅさんの相続人がＸ社株式を相続により取得した場合、Ｘ社が定款の定めにより弟Ｅさんの相続人に対してＸ社株式の売渡請求を行うときは、Ｘ社は相続があったことを知った日から（　③　）年以内にしなければなりません」

〈非上場株式等についての贈与税の納税猶予及び免除の特例（特例措置）〉

ＩＩ　「本特例の適用を受けるためには、その対象会社につき、所定の特例承継計画を策定して都道府県知事に提出し、その確認を受け、『中小企業における経営の承継の円滑化に関する法律』に基づく認定を受けなければなりません。

　本特例の適用を受ける後継者は、贈与の日まで引き続き（　④　）年以上にわたり対象会社の役員等の地位を有し、かつ、贈与の時において、後継者および後継者と特別の関係がある者で総議決権数の（　⑤　）％超の

議決権数を保有することとなることなどの要件を満たす必要があります。なお、後継者が複数いる場合、所定の要件を満たせば、最大（　⑥　）人まで本特例の適用を受けることができます。

　仮に、Aさんが所有するX社株式8万株のすべてを長男Cさんが贈与により取得し、本特例の適用を受けた場合、長男Cさんは、贈与により取得したX社株式に対応する贈与税額の（　⑦　）％の納税猶予を受けることができます」

解答と解説

《問63》

・1株（50円）当たりの年配当金額

　　1株当たりの資本金等の額を50円とした場合の発行済株式総数

　　6,500万円÷50円＝1,300,000株

　　1株（50円）当たりの年配当金額

$$\frac{（501万円－100万円＋431万円）÷2}{1,300,000株} = 3.2円$$

　直前期末以前2年間の平均額を、直前期末における発行済株式総数（1株当たりの資本金等の額を50円とした場合）で除して算出する。その際に記念配当100万円は除く。

・1株（50円）当たりの年利益金額

　　3,720万円＞（3,720万円＋3,370万円）÷2＝3,545万円　∴3,545万円

$$\frac{3,545万円}{1,300,000株} = 27.2\cdots円 \rightarrow 27円（円未満切捨て）$$

　直前期末以前1年間、または2年間の年平均のうち低いほうを選択する。

・1株当たりの資本金等の額

　　6,500万円÷130,000株＝500円

・類似業種比準価額

$$305円^{※1} \times \frac{\dfrac{3.2円}{4.2円} + \dfrac{27円}{22円} + \dfrac{234円}{214円}}{3} \times 0.6^{※2} \times \frac{500円}{50円}$$

$$= 305円 \times \frac{0.76 + 1.22 + 1.09}{3} \times 0.6 \times \frac{500円}{50円}$$

= 305円 × 1.02 × 0.6 × 10

= 186.6円 × 10

= 1,866円

※1　類似業種の株価は、課税時期の属する月以前3カ月間の各月の平均株価、前年平均株価および以前2年間の平均株価のうち最も低い金額を用いる。

※2　X社は「中会社」に該当するため、斟酌率0.6を用いる。

/正解/　1,866円

《問64》

① 純資産価額

相続税評価額による純資産価額：71,390万円 − 34,700万円 = 36,690万円

帳簿価額による純資産価額　　：65,120万円 − 34,700万円 = 30,420万円

評価差額に相当する金額　　　：36,690万円 − 30,420万円 = 6,270万円

評価差額に対する法人税等　　：6,270万円 × 37% = 2,319.9万円

純資産価額　　　　　　　　　：36,690万円 − 2,319.9万円 = 34,370.1万円

1株当たりの純資産価額　　　：34,370.1万円 ÷ 130,000株 = 2,643.8…円

→2,643円（円未満切捨て）

② 類似業種比準方式と純資産価額方式の併用方式による価額

併用方式による価額：類似業種比準価額 × Lの割合 + 純資産価額 × （1 − Lの割合）

= 1,866円 × 0.90※ + 2,643円 × （1 − 0.90）

= 1,943.7円 → 1,943円（円未満切捨て）

※　X社は「中会社の大」に該当するため、Lの割合は0.90である。

/正解/　①2,643円　②1,943円

《問65》

/正解/　①3分の2　②配当　③1　④3　⑤50　⑥3　⑦100

276

過去問題集　企画協力者

阿曽　芳樹　（株式会社ビジョンクエスト取締役）
安藤　絵里　（安藤絵里FP事務所／1級ファイナンシャル・プランニング技能士）
石井　力　　（税理士法人アイアセット／税理士）
井上　信一　（価値生活研究室／1級ファイナンシャル・プランニング技能士）
内山　貴博　（内山FP総合事務所（株）／九州共立大学非常勤講師）
岡田　佳久　（1級ファイナンシャル・プランニング技能士）
奥村　禮司　（新事業創造育成実務集団　社会保険労務士）
梶谷　美果　（1級ファイナンシャル・プランニング技能士）
佐藤　正明　（佐藤正明税理士・社会保険労務士事務所／1級ファイナンシャ
　　　　　　　ル・プランニング技能士／日本福祉大学非常勤講師）
杉浦　恵祐　（1級ファイナンシャル・プランニング技能士）
高橋　明生　（Mysurance株式会社）
武田　祐介　（社会保険労務士、1級ファイナンシャル・プランニング技能士）
田中　卓也　（田中卓也税理士事務所）
中川　幸治　（中川税理士社労士事務所）
林　　繁裕　（社会保険労務士、1級ファイナンシャル・プランニング技能士）
深澤　泉　　（1級ファイナンシャル・プランニング技能士）
船井　保尚　（1級ファイナンシャル・プランニング技能士）
益山　真一　（1級ファイナンシャル・プランニング技能士、マンション管理士、
　　　　　　　宅地建物取引士）
森　　満彦　（森満彦税理士事務所／1級ファイナンシャル・プランニング技能
　　　　　　　士）
森田　昭成　（モリタ総合事務所／1級ファイナンシャル・プランニング技能士）
吉田　靖　　（吉田税理士事務所／1級ファイナンシャル・プランニング技能士）
渡辺　洋一　（明治安田生命保険相互会社／1級ファイナンシャル・プランニン
　　　　　　　グ技能士）

※ 50 音順、敬称略。所属は企画協力時のものです。

1級FP技能士学科　過去問題解説集（2023年度実施分）

2024年6月12日　初版発行

編　著	一般社団法人金融財政事情研究会
	ファイナンシャル・プランナーズ・センター
発行所	一般社団法人金融財政事情研究会
	〒160-8519 東京都新宿区南元町19
	☎　03-3358-2891（販売）
	URL　https://www.kinzai.jp/
発行者	加藤　一浩
印　刷	三松堂株式会社

○本書の内容に関するお問合せは、書籍名およびご連絡先を明記のうえ、FAXまたは郵送でお願いいたします（電話でのお問合せにはお答えしかねます）。なお、本書の内容と直接関係のない質問や内容理解にかかわる質問については、お答えしかねますので、あらかじめご了承ください。

FAX番号　03-3358-1771

○法・制度改正等に伴う内容の変更・追加・訂正等は下記のウェブサイトに掲載します。　https://www.kinzai.jp/seigo/

ⓒ 2024 KINZAI　ISBN 978-4-322-14774-2

・本書の全部または一部の複写、複製、転訳載および磁気または光記憶媒体、コンピューターネットワーク上への入力等は、特別の場合を除き、著作権、出版社の権利侵害となります。
・落丁、乱丁はお取替えいたします。定価はカバーに表示してあります。